PARIS 2024

VINCENT PARISI
CHAMPION DU MONDE DE JUJITSU COMBAT

30 MINUTES DE SPORT PAR JOUR POUR TOUS

SOYEZ PRÊTS POUR PARIS 2024

Hugo Sport

SOMMAIRE

PRÉFACE P 6

CHAMPION ET COACH ! P 8

CONSEILS DE CHAMPIONS ET DE CHAMPIONNES P 12

LES 10 CONSEILS DE SARAH OURAHMOUNE P 14

BIEN DORMIR P 16

BIEN SE NOURRIR P 18

UN MENTAL DE GAGNANT P 22

EXERCICES POIDS DE CORPS P 29

S'échauffer p 30
Exercices sans matériel (débutant) p 32
Exercices sans matériel (confirmé) p 41
Exercices avec matériel (débutant) p 52
Exercices avec matériel (confirmé) p 57

GAINAGE P 65

Le gainage est l'exercice le plus important... p 66
Exercices sans matériel (débutant) p 68
Exercices sans matériel (confirmé) p 72
Exercices avec matériel p 79

CIRCUITS TRAINING DE 30 MINUTES P 87

Exercices p 90
Circuits p 112
Consignes pour un circuit training p 121

ASSOUPLISSEMENT ET ÉTIREMENTS P 123

Exercices p 126

MOBILITÉ ET PRÉVENTION DU MAL DE DOS P 145

Exercices sans matériel p 148
Exercices avec matériel p 151

VOTRE DÉFI... P 155

EN GUISE DE CONCLUSION P 156

REMERCIEMENTS P 158

PRÉFACE

J'ai rencontré Vincent Parisi pour la première fois à l'occasion d'une interview dans le cadre de sa chronique sportive sur BeIN Sport. Depuis cette époque, Vincent n'a plus jamais été très loin de moi et de mon parcours.

Pratiquant d'arts martiaux (judo, jujitsu…) depuis mon enfance, j'ai pu garder la tête hors de l'eau longtemps grâce au sport. Malgré tout, un jour j'ai sombré. Je ne rédige pas cette préface pour raconter mon histoire, mais je dois vous donner quelques clés pour que vous compreniez le rôle que Vincent a joué dans ma reconstruction.

En même temps que le succès de « Vends 2 pièces à Beyrouth », mon second spectacle sur la géopolitique, s'est amorcée pour moi une descente aux enfers que je couvais depuis longtemps. Ma vie alors consistait à monter sur scène, boire de l'alcool et faire du sport. À mesure que le temps passait, je sombrais. À mesure que je sombrais, le monde semblait avoir de moins en moins de sens. À mesure que le monde avait moins de sens, l'envie de m'en soustraire en avait de plus en plus. J'ai failli commettre l'irréparable. J'ai entamé une cure de désintoxication, qui m'a obligé à revoir toute ma conception de moi-même et du monde. Ceux qui ont suivi ce parcours pourront vous le dire : lorsque vous sortez de là, vous êtes fragile. Vous pouvez trébucher à tout moment, et trébucher, dans ce cas de figure, c'est tomber. Et c'est là que Vincent, qui n'avait plus jamais été très loin de moi et de mon parcours, s'est trouvé sur ma route.

Parce que je voulais reprendre le sport de manière intensive, parce que je ne voulais pas trébucher, parce que j'avais des projets professionnels qui collaient avec cette idée, j'ai demandé son aide. Il me l'a apportée.

Il fallait pour les besoins d'un documentaire que je me mette à la lutte, et particulièrement la lutte sénégalaise. Il fallait pour les besoins de ma santé mentale que je me mette au sport semi-pro.
Il fallait pour évacuer physiquement et psychologiquement qui j'étais, renouer avec tout.

Vincent a pris le package, et a été lui-même : une espèce de montagne, d'une générosité extrême, qui ne triche pas, ne ment pas, dont l'autorité naturelle ne peut jamais être contredite. Vincent m'a appris à me dépasser, à travailler mieux, à laisser tomber la force au profit de l'esprit. Il m'a enseigné la technique, l'effort intense et intelligent, et j'ai atteint, avec et grâce à lui, un niveau que je n'aurais pas imaginé atteindre dans ma vie d'humoriste.

© PASCAL ITO

Il m'a aidé à me réconcilier avec moi-même, m'a porté malgré moi quand j'étais en résistance, a su me remettre en place en évitant soigneusement les méthodes pour détourner l'attention de l'autre, celles que j'avais appris à mettre en place depuis toujours pour me protéger.

Grâce à lui j'ai lâché prise. Sa bonne humeur permanente, même quand sa vie à lui était plus difficile, son soutien sans faille, son amitié, sa bienveillance, tout ce qui, dans la vie d'un résilient, permet de ne pas rechuter, Vincent me l'a apporté. Aujourd'hui j'envisage de reprendre la compétition, j'ai une forme olympique, je joue sur scène tous les soirs durant 3 heures 30 sans m'arrêter, et le sport est devenu une seconde nature, cristallisée en moi, et qui m'accompagnera en toutes circonstances. Il faudrait des pages pour expliquer à quel point Vincent Parisi est une personne talentueuse, compétente, avec une intelligence du cœur telle qu'elle vous emporte pour peu que vous acceptiez d'écouter ce qu'il vous dit.

Alors pour tout ça, mais aussi pour les vacances, la présence, les phrases lunaires qui sortent de nulle part, et la motivation qu'il a souvent eu pour deux, c'est un grand honneur pour moi de rédiger cette préface, et je tiens à te dire sincèrement, Vincent, mon ami : merci pour tout parce que sans t'en rendre compte, en toute simplicité, tu m'as un peu sauvé la vie !

Jérémy Ferrari

CHAMPION ET COACH !

Je me souviens d'un jour particulier de mon enfance, j'avais 7 ans et j'étais en vacances dans le sud de la France avec mes grands-parents maternels. Ils m'appellent et me disent « viens, regarde la télé, il y a la cérémonie d'ouverture des jeux Olympiques qui vont débuter, on va peut-être voir ton papa, qui sait ? ».
Évidemment c'est une surprise pour moi. Je regarde la télé et vois le drapeau américain et le drapeau olympique, puis je découvre le Memorial Coliseum de Los Angeles rempli à craquer, plus de 92 000 personnes assistent à la cérémonie d'ouverture des jeux Olympiques de Los Angeles en 1984.
Je vois pour la première fois de ma vie un homme volant avec une fusée dans le dos traverser le stade, la foule en délire, Bill Suitor cascadeur professionnel qui a doublé Sean Connery dans un James Bond… Le show à l'américaine… incroyable, je regarde les équipes nationales défiler les unes après les autres et j'entends l'annonce de la France avec ses 256 athlètes…
et là je vois mon PAPA avec le drapeau de la France dans les mains et j'entends : « Angelo Parisi, champion olympique, capitaine des équipes de France et on est fier de notre porte-drapeau. »…
Un sentiment indescriptible me traverse… un sourire d'enfant sur mon visage, je pense, une fierté peut-être… 1984 les jeux Olympiques de Los Angeles, les jeux les plus médiatiques de l'histoire. Mon père ce héros, comme le disait Marcel Pagnol, je le regarde mais je ne réalise pas la portée d'un tel événement évidemment. La compétition que tout le monde rêve de gagner un jour dans sa vie, l'événement sportif planétaire que tout le monde regarde. Encore aujourd'hui cette fête du sport internationale, cette flamme olympique, ces médailles, ces victoires, ces records me donnent toujours autant d'émotions. Vous comprenez à présent pourquoi j'aime le sport et pourquoi j'étais en mission pour devenir champion du monde. Mon père et ma mère m'ont transmis la passion du sport et le goût de l'effort.
Aujourd'hui je suis fier pour mon pays la France que cent ans après nos derniers jeux d'été en 1924, cela soit à nouveau organisé chez nous. C'est une chance de pouvoir, moi Vincent, le fils d'Angelo, écrire cet ouvrage pour vous aider,

vous motiver, vous préparer aux jeux Olympiques de Paris 2024.
Bon que les choses soient bien claires, je ne suis pas magicien. Il est temps d'arrêter de se mentir à soi-même.
La seule recette au monde pour réussir à atteindre ses objectifs, c'est de se motiver et de travailler.
Voici ce que je dis aux personnes que je coache et qui viennent me voir pour réaliser leurs objectifs. Évidemment, j'ai des trucs, enfin des astuces, des secrets.
Ou plutôt des méthodes pour réussir.
Mais attention, je n'ai rien inventé, tout existe déjà. En revanche, j'ai acquis de l'expérience et un vrai savoir-faire au cours de mes douze années de haut niveau et mes 22 ans d'enseignement et de coaching.

Une fabuleuse aventure commence entre nous à travers ce livre pour être prêt pour les jeux Olympiques de Paris 2024. Nos Jeux à tous, nous Français et fiers d'accueillir le monde entier dans notre beau pays. Je vais vous dévoiler mes secrets de coach et de champion sans détour et sans mensonge. Et ma première vérité est de ne jamais vous mentir. Oui, c'est dur : « No pain no gain ».
Oui il faut travailler dur pour réussir.
Et dans le sport, on n'échappe pas à cette règle, au contraire.
Gagner des médailles et devenir champion du monde sans adversité, cela n'aurait aucun sens, cela n'aurait pas le même goût, pas la même saveur.
Je n'aurais pas la même fierté et pas la satisfaction d'avoir réussi. Eh bien dans la remise en forme et dans la pratique sportive, on rencontre les mêmes épreuves et les mêmes difficultés.
Notre pire ennemi finalement, c'est nous-même. Quand on veut, on peut !
Évidemment que pour certaines personnes, c'est plus compliqué mais STOP. Si tu veux tu peux. Et personne au monde ne pourra t'en empêcher.
Sachez qu'au départ je n'aimais pas du tout la compétition. Je détestais même.

Je voulais une vie tranquille. Quand tu n'as jamais fait de judo jusqu'à tes 21 ans, et qu'en faisant une semaine d'entraînement sur un stage international, tu bats des ceintures noires… Pire : des athlètes de haut niveau qui font ça depuis leurs 5 ans, bon ben tu te dis que peut-être tu devrais t'y mettre.
C'est ce que j'ai fait. Grâce au travail et à l'entraînement, au bout de quatre ans je suis devenu le numéro 1 français, champion d'Europe, médaillé mondial ceinture noire 2e dan et éducateur sportif de judo jujitsu. Oui en quatre ans. J'ai façonné mon corps et ma tête au combat : j'ai mûri et acquis de l'expérience au fil des années.
Et j'ai appris comme tout le monde en regardant les meilleurs. En dix ans, j'ai remporté 9 médailles mondiales, 4 titres européens, plus de 32 tournois internationaux partout dans le monde, tout en travaillant comme vous.
Car mon sport n'étant pas olympique, j'ai toujours travaillé en même temps que je m'entraînais. Ce qui m'a permis de m'épanouir à travers de formidables aventures…
En 2009, je suis devenu le premier commentateur français de MMA à la télévision pour RTL9 en commentant l'UFC (Ultimate Fighting Championship) pendant plusieurs années, puis le Bellator MMA, le M1 Challenge, le Rizin…
Puis en 2012, je rencontre Charles Bietry qui m'a donné ma chance et m'a embauché pour le lancement de

la chaîne beIN Sports France en 2012, où j'ai créé ma chronique « Le coach Parisi » qui fait découvrir les sports de combat et des champions méconnus grâce à la participation de personnalités publiques : acteurs(trices), chanteurs(euses), humoristes, people… et met en lumière des disciplines peu connues également. D'une manière ludique, éducative et décalée. Je suis vraiment fier d'avoir créé ce programme. J'ai commenté sur beIN Sports pendant quatre ans toutes les compétitions internationales de judo et les

championnats du monde comme consultant sportif, ainsi que les championnats d'Europe et du monde de karaté.
Sur mon chemin en même temps, je découvre les métiers de cascadeur, de régleur de cascades et d'acteur sur des films comme *Transporteurs, Taken 3, Valérien, Arès* ou encore *3 Days to Kill* aux côtés de Kevin Costner…
Je vous l'ai dit : quand on veut, on peut. Il y a une seule règle pour réussir : avoir confiance en soi et travailler dur !
Enfin, la plus belle de toutes mes aventures sportives est d'être devenu PAPA, le 21 décembre 2017, d'un petit gars, mon fils que j'aime « Gabriel »…
Donc dans la vie, tout est possible. Écoutez-moi bien : « Ne jamais cesser de croire en soi. »
J'ai toujours dirigé ma vie comme je l'entendais et j'ai toujours cru en moi. Ne jamais abandonner. C'est essentiel. Car si vous ne croyez pas en vous, qui va le faire ? Tout le monde n'a pas la même vie, la même chance, le même entourage. Il est essentiel de croire en vous.
Objectif + Sport = Santé = Vie au top du top, les amis.
Maintenant je vais vous entraîner pour devenir champion du monde de votre vie. Même champion olympique. Est-ce que ça vous dit ? Être champion olympique de votre vie pour Paris 2024 ? Allez, je vous livre mon premier secret de champion !

Il faut s'amuser, prendre du plaisir, aimer découvrir, apprendre, comprendre, faire confiance.
Cette notion de plaisir et de jeu à travers le sport est essentielle. C'est mon père Angelo Parisi qui m'a transmis ce secret. Et dans ce livre, je vais vous lancer des défis. Des défis contre vous-même, contre vos démons, vos addictions, vos mauvaises habitudes. Et un de mes premiers défis, ça va être de vous faire faire 30 minutes de sport par jour. Pour être en bonne santé. 30 minutes par jour ! Et vous verrez que cela suffira pour vous rendre heureux dans votre vie. 30 minutes pour être au top du top jusqu'à Paris 2024.
Vous êtes prêt ? C'est parti !

CONSEILS DE CHAMPIONS ET DE CHAMPIONNES

Champion est un bien grand mot. Être champion du monde dans sa vie est à mon sens le plus beau titre. Alors je me suis dit que j'allais demander à quelques copains sportifs ce qu'ils pensaient de « comment reprendre le sport » au niveau mental. Méditez !

Éloyse Lesueur-Aymonin (championne du monde et double championne d'Europe de saut en longueur) nous dit : « Tout doit venir de soi. Il faut que ça vienne de soi, pas de quelqu'un d'autre, sinon ça ne peut pas tenir. Avoir envie de performer et être conscient qu'on va souffrir, que ça va être dur. Pour la perte de poids pareil, changement physique pareil. Quand tu as envie, tu prends conscience du chemin que tu devras parcourir et il te paraît moins lourd, bien plus agréable même. »

© JOACHIM AZOUZE PSG

Nikola Karabatic (triple champion olympique de handball, meilleur joueur du monde) : « Le plus important dans la vie, c'est d'être en bonne santé et d'avoir un corps en forme. Sinon la vie devient un calvaire. Je respecte mon corps, c'est mon outil, alors je bouge et fais du sport ! »

© ERIC TRAVERSIE

Vincent Poirier
(vice-champion olympique de basket-ball, membre de l'équipe de France, ancien joueur de NBA aux Celtics de Boston et 76ers de Philadelphie) dit : « Moi quand je vois des photos de gens à la plage et que je les vois affûtés, je me dis : bon ben aujourd'hui je vais faire des abdos. Le fait que les gens soient beaux et bien, ça me motive. »

© BEPROD

Denis Gargaud Chanut
(champion olympique et triple champion du monde de canoë-kayak) dit simplement : « Le conseil au niveau mental pour se remettre au sport ? Je n'ai jamais arrêté alors je n'ai pas de conseil. »

Ladji Doucouré
(double champion du monde et double champion d'Europe du 110 mètres haies et relais 4 x 100. Et finaliste de « DALS », ça c'était pour la vanne) nous dit : « Chaque jour est une opportunité pour accomplir un effort dur, mais c'est aussi une journée en moins pour atteindre le bien-être le plus rapidement possible. »

© C. LE CHANU

LES 10 CONSEILS DE SARAH OURAHMOUNE

(PREMIÈRE VICE-CHAMPIONNE OLYMPIQUE DE L'HISTOIRE DE BOXE ANGLAISE À RIO EN 2016, CHAMPIONNE DU MONDE AMATEUR EN 2008 ET 10 FOIS CHAMPIONNE DE FRANCE)

©MARIE LOPEZ-VIVANCO

1 Créez votre routine sport en choisissant un créneau horaire. Si votre session de sport est planifiée à l'avance, il vous sera plus facile de tenir votre engagement.

2 Si vous êtes parent, faites participer vos enfants. Vous pouvez adapter les mouvements en fonction de leur âge (en diminuant le temps de travail notamment). Mes deux filles adorent s'installer à côté de moi pendant mes entraînements et tentent de reproduire chaque mouvement.

3 Allez-y progressivement en vous concoctant un programme avec des objectifs motivants et réalisables et surtout en veillant à ne pas être trop ambitieux dès le départ. La logique des petits pas se vérifie dans la pratique sportive. Concrètement, si vous débutez, vous pouvez commencer votre programme sportif en faisant trois séances courtes par semaine. J'ai lancé le Challenge 10X3bySarah. Il s'agit d'un programme destiné aux débutants. Je propose trois séances par semaine, les mardis, jeudis et samedis. 10 mouvements à répéter 10 fois.

4 Motivez-vous à plusieurs : on ne peut pas toujours se réunir pour faire du sport à plusieurs, mais des solutions existent pour partager des séances en ligne et surtout pour se soutenir et s'encourager mutuellement. Vous pouvez soit suivre des cours en ligne ou des directs animés par des coachs ; soit vous challenger entre amis autour de programmes sportifs et partager vos performances pour vous motiver.

5 Suivez vos progrès : notez chacune de vos séances et suivez votre évolution (le nombre de répétitions, la durée, votre poids, votre ressenti, etc.). Visualiser ses progrès permet de rester motivé. Vous pouvez aussi prendre une photo de vous au démarrage puis une autre, dans les mêmes conditions 45 jours après pour voir comment votre silhouette a évolué ou pas.

6 Faites-vous plaisir : le plus dur dans le sport, c'est de rester motivé dans la durée. Pour cela, il faut trouver un minimum de plaisir. Optez pour un sport qui vous plaît (renforcement musculaire, yoga, vélo d'appartement, Pilates, corde à sauter, etc.).
Pour ne pas abandonner en cours de route, veillez à choisir des entraînements auxquels vous prenez vraiment plaisir. Le plaisir, vous le trouverez dans la découverte, le partage de vos résultats avec vos amis, vos progrès ou encore dans le challenge sportif.

7 Variez les entraînements : très souvent, le manque de motivation est dû à une certaine lassitude. Pour booster votre envie de faire du sport, variez au maximum vos entraînements. Changez d'exercices régulièrement.

8 L'hydratation : l'eau est la seule boisson essentielle. Elle est nécessaire avant, pendant et après l'exercice, l'eau va pallier les pertes hydriques dues à l'effort. Avant l'effort physique, buvez de l'eau plate. Oubliez les sodas, l'alcool et les jus de fruits. Pendant votre séance, buvez de l'eau plate par petites gorgées régulières. N'attendez pas d'avoir soif pour boire. Lorsque la sensation de soif se fait ressentir, c'est que le corps est déjà en cours de déshydratation. Après votre séance, buvez de l'eau. De manière générale, pensez après l'effort à consommer des eaux gazeuses qui sont plus minéralisées que les eaux plates. Elles permettent d'hydrater l'organisme et de lui apporter des minéraux éliminés par la sueur.

9 Créez une atmosphère propice à la pratique sportive en choisissant le moment qui vous convient le mieux dans la journée (pour ma part, je préfère les séances matinales) et en réservant un coin chez vous pour votre séance. Une atmosphère propice, c'est aussi une tenue de sport dans laquelle vous vous sentez bien et que vous pouvez préparer la veille pour vous motiver davantage.

10 Objectif : une séance de 15 à 20 minutes par jour. Les bénéfices de l'activité physique sur nos organes, notre tension artérielle, notre moral et plus largement sur notre longévité ne sont plus à prouver et pourtant, la sédentarité continue de sévir dangereusement. Rien ne doit vous empêcher de bouger et de faire du sport. Réservez au minimum 15 à 20 minutes par jour pour compenser la sédentarité que nous impose notre rythme de vie. »

Finalement, si je résume, reprendre le sport c'est simplement une question d'envie, de choix, de motivation, d'organisation et de temps.
Alors êtes-vous prêt pour relever mon défi de 30 minutes de sport par jour ?

BIEN DORMIR

Le sommeil est le moment le plus important pour notre corps et pour notre organisme. Il représente un tiers de notre temps.

Mon père m'a toujours dit : « Si tu veux être en forme, ne jamais te blesser et bien récupérer de tes entraînements, tu dois bien dormir et bien manger. »
Effectivement, il avait 100 % raison.
Toutes les études scientifiques nous prouvent que le sommeil a des effets bénéfiques sur notre corps. Il se régénère, se soigne, se répare et se nettoie mieux.
Il est très important pour le bon fonctionnement de notre organisme et également très important au niveau psychique. La récupération psychique et intellectuelle permet un meilleur apprentissage, une meilleure mémorisation et surtout une meilleure gestion de ses émotions. Le manque de sommeil est aussi très mauvais pour la vie sociale et peut entraîner des comportements néfastes avec votre entourage.
Après, cela devient hormonal.
Agressivité, colère, agacement, et cela peut impacter le cercle amical ou professionnel. Alors si en plus vous êtes au régime, n'en parlons pas.
Le manque de sommeil au niveau physique est aussi très mauvais pour la récupération musculaire. Courbatures et manque d'endurance. Pour faire simple, vous n'avez plus de carburant et d'énergie suffisants. Cela est aussi néfaste au niveau de la réparation cellulaire. Vous régénérez moins de neurones, alors que le sport et le sommeil les stimulent et les régénèrent. Et surtout vous éliminez moins bien les déchets et les toxines du corps.

Ce qu'il faut savoir, c'est que le soir, il ne faut pas manger trop riche ni trop gras. La lumière, le stress, le bruit et la nicotine sont très néfastes pour le sommeil également.
L'activité physique permet d'obtenir une décontraction naturelle des muscles avant d'aller au lit.
Il existe aussi quelques astuces autres que le sport pour bien dormir.
Évidemment la plus naturelle : l'activité sexuelle aide bien et d'une manière positive. L'amour et la tendresse apaisent les esprits et les corps.
Également, une pièce bien aérée avant de dormir aide l'organisme à bien respirer et permet d'évacuer les pollutions de l'intérieur. Un lit confortable. Il est important d'investir dans un bon lit car votre lit va passer une grande partie de sa vie avec vous.
Lire aussi avant de dormir. C'est bien mieux que de regarder des vidéos sur son smartphone. Donc vous l'avez compris, il est important également d'éviter de manger trop tard et en trop grande quantité juste avant le sommeil.
Ce que je vous conseille, c'est tout simplement de manger un repas complet et digeste avec des glucides comme le riz, les pâtes, les lentilles, le blé, le maïs, les céréales..., environ 2 à 3 heures avant d'aller dormir. Eh oui, ce n'est pas toujours évident, je sais. Et si vous pouvez sortir faire une promenade et marcher entre 20 et 30 minutes, cela favorise et accélère la digestion, permettant à l'estomac de mieux travailler et donc de mieux digérer.
Autres petites astuces : les infusions à base de plantes apaisantes comme le tilleul, la camomille et la verveine pour citer les plus connues.

BIEN SE NOURRIR

À tous les âges de notre vie, notre alimentation doit fournir une quantité proportionnelle à notre dépense énergétique. L'alimentation doit être variée et répartie sur la journée.

FINALEMENT, C'EST L'EXCÈS QUI EST DANGEREUX POUR NOTRE CORPS.

Connaître les bonnes proportions à mettre dans notre assiette est essentiel. Il faut savoir que chaque aliment a une place dans notre alimentation mais à des moments et dans des quantités différentes. Il faut surtout prendre en compte l'aspect plaisir et social du repas. Je suis un bon vivant. J'aime bien manger et j'aime que les gens avec qui je mange mangent bien également. Il faut tout simplement trouver le bon équilibre, manger un peu de tout et ne jamais faire trop d'excès.

Si l'alimentation en excès est néfaste, elle l'est comme la pratique sportive à l'excès. Quand c'est trop, c'est trop. Vous devez apprendre à gérer la quantité. L'alimentation est tout simplement mathématique. Si vous mangez mal, si vous mangez trop, si vous mangez à n'importe quelle heure, vous créez un déséquilibre dans votre organisme. Bien que notre corps soit capable de s'adapter à tout, il y a quand même des limites à ne pas dépasser. Voici deux exemples très simples.

Si votre corps a besoin d'un seul repas par jour pour fonctionner et pour avoir l'apport énergétique suffisant pour recharger vos batteries, eh bien si vous faites trois repas par jour, vous aurez deux repas en trop et vous stockerez des réserves qui vous feront prendre du poids au bout de quelques jours.

Second exemple : si vous mangez tous les jours beaucoup de viande et peu de légumes et de fruits, eh bien ça sera très mauvais pour votre organisme.

C'est pourquoi il faut manger de tout, viande blanche, viande rouge, poisson ou aliment végétal. Pour ceux et celles qui ne mangent pas de viande, compensez par des protéines végétales car vous en avez besoin et favorisez toujours en grande majorité les légumes et les fruits. Les légumes cuits sont plus digestes que les légumes crus. Le pain complet, le riz complet et les pâtes complètes sont bien meilleurs pour la santé.

Il faut manger tous les jours et à chaque repas des légumes et des fruits cuits et crus pour un apport en micronutriments et en fibres. Les fibres sont très importantes pour votre organisme et pour faire le plein d'énergie. N'hésitez pas, à chaque repas, à manger du pain,

du riz, des pommes de terre qui régulent aussi les fringales. Et bien évidemment, vous devez manger des protéines animales ou végétales.
L'hydratation est essentielle, car notre corps est composé de 65 à 70 % d'eau. Il est important de bien s'hydrater afin de nettoyer l'organisme et le nourrir. Tout comme une plante, nous avons besoin d'eau. Entre 1,5 litre et 2 litres par jour, hors activité physique, et selon sa taille.
Le sucre en soi n'est pas mauvais pour la santé. Mais si on en consomme trop, forcément, ça devient mauvais. Évitez donc de surconsommer les sodas, le sirop et *idem* pour les gâteaux industriels, le pain blanc, le pain de mie industriel, les sucreries industrielles.
Les graisses comme le beurre, c'est bon mais en petite quantité. Une noisette suffit par repas. Rien ne vaut une bonne huile d'olive, et une simple cuillère à soupe, c'est assez.
Les produits laitiers sont bons aussi pour l'organisme, mais ils sont riches, donc il faut en consommer raisonnablement.
Attention à la charcuterie, jambon, saucisson, pâté, etc., extrêmement riches en calories et en graisse ; normalement, c'est une fois tous les huit jours. Et le pire ennemi de notre corps ? Les aliments à base d'huile : les fritures, frites, bricks, etc. C'est bon, on adore, moi aussi j'adore ça. Mais mon conseil, c'est une fois par semaine, pas plus. L'huile des fritures est la plus dure à

éliminer, ça prend beaucoup trop de temps à votre corps pour l'évacuer. Ou alors vous me faites 2 heures de sport direct avec 2 litres d'eau dans la foulée !
Nous sommes tous différents et nous avons tous besoin de quantités de nourriture différentes. Il est important d'apprendre à comprendre le phénomène de satiété. Si je sens que j'ai encore faim, je mange. Si je sens que je commence à ne plus avoir faim, je ne continue pas ou je ne reprends pas autre chose ensuite.
Le pire ennemi de votre poids :

les « fast-foods ». Pourquoi ? Ils sont hypercaloriques, gras et trop rapides à manger. Le principe du « fast-food », c'est de manger vite pour gagner du temps. Alors oui bien sûr on adore les hamburgers, les frites et les boissons sucrées. Mais l'association et la combinaison des graisses, du sucre du pain et de la rapidité avec laquelle on mange sont très mauvaises pour l'organisme.

TOUT D'ABORD QUE LES CHOSES SOIENT BIEN CLAIRES : L'ALCOOL EST MAUVAIS POUR LA SANTÉ. QUOI QU'IL ARRIVE, CE N'EST PAS BON.

Du vin rouge, par exemple ?
Non, non et non : l'alcool n'est pas bon pour l'organisme.
Toutes les boissons alcoolisées sont mauvaises pour votre foie, votre estomac, votre vessie et vos reins. C'est pourquoi il faut absolument bien gérer votre consommation. C'est la même chose pour les boissons sucrées non alcoolisées.

LA MEILLEURE SOLUTION, C'EST L'ACTION, L'ACTIVITÉ. OCCUPER SON TEMPS.

Votre pire ennemi, c'est de rester à la maison à ne rien faire, car le coup de fringale est sûr d'arriver. Moi en tout cas quand je reste chez moi, je mange toujours plus que si je suis dehors.
La tête contrôle tout. Mais parfois il faut la piéger : « J'ai faim, j'en veux. STOP. Je fais vite quelque chose pour oublier. » Pensez à autre chose, focalisez votre concentration sur autre chose.

COMPENSER ET ÉQUILIBRER SONT LES CLÉS.

Quelles que soient vos addictions, quels que soient vos problèmes dans l'alimentation ou l'hydratation : alcool, sucre, drogue, vous pouvez tout nettoyer grâce à l'activité sportive régulière et grâce à une bonne alimentation et un bon encadrement. Une bonne hygiène de vie régulière rééquilibre naturellement votre organisme et votre corps avec le temps.

MON CONSEIL DE CHAMPION EST D'ÊTRE TOUJOURS DANS LA PRÉVENTION EN PREMIER LIEU.

Réalisez chaque année une prise de sang pour savoir où vous en êtes... C'est également trop méconnu du grand public et c'est malheureusement un peu coûteux c'est vrai, mais très utile : faites le test d'intolérance à plus de 200 aliments. (Je remercie d'ailleurs notre championne du monde de saut en longueur Eloïse Lesueur-Aymonin de m'avoir fait connaître ce test d'intolérance qui m'a permis de supprimer certains aliments qui me donnaient des inflammations à l'estomac sans le savoir.) Ce bilan vous permettra de savoir où vous en êtes et quoi manger, quoi éviter pendant un certain temps.

UN MENTAL DE GAGNANT

Je me souviens d'un championnat d'Europe en Croatie. J'arrive la veille de la pesée. Sur la balance, 100 kg et 700 g, alors que je devais être en moins de 94 kg le lendemain. J'avoue, c'était un peu chaud. Petit problème de gestion du poids quelques semaines avant, mais il faut savoir aussi que ma balance m'a joué un sacré tour avant de partir. Quoi qu'il en soit, j'avais 24 heures pour perdre 7 kg en gros. Donc interdiction de manger et de boire, corde à sauter toutes les heures, habillé en K-Way avec des pulls en laine, écharpe, bonnet, gants qui ne m'ont pas quitté de toute la nuit.
Après des footings sous le soleil ardent en K-Way, la pesée finale : 93,400 kg, soit plus de 7 kg perdus en 24 heures sans manger ni boire. Défi relevé, mental solide. Bon, je perds d'un point en demi-finale à cause d'un manque de lucidité dû à cette perte de poids... Mais je remporte la médaille de bronze. Ça a été une de mes plus belles compétitions. Évidemment, si j'avais été mieux préparé au niveau du poids, la victoire était assurée. Voilà. Cela fait partie de la vie de sportif de haut niveau, avec des hauts et des bas dans la vie personnelle, mais quoi qu'il arrive pour finir, j'assume mes erreurs et je vais au bout du combat sans regret, car je sais que ce jour-là, mon mental était au niveau !

NE SOYEZ JAMAIS PRESSÉ.
Je ne sais pas si je suis un très bon exemple pour donner des conseils au niveau mental, car j'ai toujours eu une grande force de caractère et j'ai toujours suivi le chemin que je souhaitais sans me laisser influencer.

JE VAIS VOUS DONNER MON CONSEIL DE CHAMPION : TOUT D'ABORD, L'ENTOURAGE !
L'entourage avec lequel on évolue chaque jour fait de nous en partie ce que nous sommes. Il est important d'avoir des personnes bienveillantes autour de vous, des personnes motivantes, positives, qui vous tirent vers le haut. On a tous un copain, un ami à qui il n'arrive que des galères. Mais malgré ces galères, ces amis peuvent être positifs et sourire tout le temps à la vie, et attirer de bonnes choses autour d'elles. Il faut faire très attention aux personnes négatives,

aux personnes qui, quoi qu'il arrive, ont toujours des problèmes et n'arrivent pas à s'en sortir parce qu'elles ne sont pas capables d'écouter les bons conseils et surtout de les appliquer.
Il est très important d'avoir le courage de couper toute relation négative autour de vous, que ce soit affectif, sentimental ou professionnel. Si vous coupez avec toutes les personnes qui vous rendent la vie compliquée, qui vous font peur, qui vous font du mal, vous atteindrez plus facilement tous vos objectifs, croyez-moi.
L'environnement dans lequel vous vivez doit être apaisant, rassurant et positif.
Quelles que soient les personnes négatives, jalouses autour de vous, vous devez avoir le courage de couper, de prendre vos distances et de vous faire respecter.
Quelqu'un de bien, c'est quelqu'un qui n'attend rien de vous, que votre amitié.
Quelqu'un de positif autour de vous, c'est quelqu'un qui essaie constamment de vous aider à trouver des solutions à vos problèmes, sans jamais rien vous demander en retour.

AUTRE POINT IMPORTANT, L'ÉDUCATION, LES VALEURS ET LES PRINCIPES DE VOTRE VIE

La force mentale se travaille à travers les bons et les mauvais moments de notre vie. On façonne notre force mentale grâce aux épreuves. Quelles qu'elles soient. Il est important d'évoluer et d'atteindre ses objectifs en gardant les principes fondamentaux de son éducation si elle est bonne !
Dans tout ce que vous faites, vous devez être en phase avec vos valeurs et vos croyances.

ENSUITE, L'OBJECTIF

L'objectif est essentiel pour se donner un but et pour atteindre ce but, il faut que le travail soit vu comme quelque chose de positif et non de négatif.
Lorsqu'on entend le mot « travail », souvent, on l'associe à quelque chose de difficile et de pénible. Alors qu'en réalité dans le sport, c'est le meilleur moment, c'est le moment que l'on doit aimer le plus, celui où on se sent le plus vivant par l'effort physique, apprendre à apprivoiser son corps dans l'effort, comme dans la douleur, sentir sa progression, sentir sa respiration, sentir son cœur, ses muscles. Sentir ses appuis, son équilibre, ses positions. Lorsque le lendemain d'une bonne séance, nous avons des courbatures par exemple, cela doit être agréable. C'est dire qu'on a fourni un effort différent et qu'il a été efficace.
Dans ce livre, je vous fixe plein d'objectifs. Relever tous mes défis, réussir tous mes exercices, réussir tous les circuits training et remporter la médaille olympique.
Vous devez toujours vous fixer des objectifs. Pour entraîner votre force mentale, il faut réussir à atteindre ses objectifs.

COMMENT ?

Au début, vos objectifs doivent être accessibles. Vous devez y arriver sans trop de difficulté. Juste le temps de prendre le rythme. Ensuite vous augmentez le niveau de difficulté petit à petit. Il est évident que si vous commencez par un objectif facile, et que d'un coup vous vous donnez pour objectif de battre un champion, forcément cela sera un échec.
Alors pour pouvoir vaincre un champion, il faut prendre le temps de forger son mental à travers des objectifs progressifs.
Tout d'abord, cela vous permettra de développer votre confiance en vous.
Car lorsqu'on atteint ses objectifs progressivement, la confiance se gagne également progressivement.
Plus vous serez assidu, régulier et constant, plus votre confiance en vous se développera positivement.
Vous avez la capacité d'adaptation qui vous permet de réaliser vos objectifs.

VOUS DEVEZ APPRENDRE À VOUS CONNAÎTRE, VOUS DEVEZ APPRENDRE À CONNAÎTRE VOTRE VALEUR ET VOS CAPACITÉS.

Dans la vie, il n'y a rien de mieux que l'activité physique et le sport pour apprendre à connaître sa réelle valeur. Deux exemples tout simples, les pompes et la course. Si vous êtes capable de faire maximum 10 pompes et de courir 2 minutes seulement sans être mort

de fatigue, alors à ce moment-là vous connaissez votre valeur.
Donc vous vous lancez un défi sur un exercice avec quelques amis, celui qui fait le plus de pompes, c'est celui qui est le plus fort. À partir de ce moment-là, vous connaissez votre valeur et vous savez le travail qu'il faut accomplir pour battre le plus fort. Si vous n'arrivez pas à faire plus de 10 pompes, eh bien vous savez que chaque jour votre objectif sera de réaliser les 10 pompes.
Ce n'est pas plus compliqué au début.
Il n'y a pas de honte à être moins bon qu'un autre, il n'y a pas de honte à partir

de loin, il n'y a aucune honte à commencer de zéro.
Quoi qu'il arrive, ne vous sous-estimez pas. Vous êtes capable d'accomplir bien plus que vous ne l'imaginez.

POUR DÉVELOPPER ÉGALEMENT UNE FORCE MENTALE À TOUTE ÉPREUVE, VOUS DEVEZ APPRENDRE À GÉRER VOS ÉMOTIONS.

Plus vous saurez gérer vos émotions, plus vous maîtriserez votre vie.
En faisant du sport, on a mal, on résiste, on apprivoise les difficultés et on fait avec. Eh bien dans la vie, c'est la même chose. On apprend à gérer les émotions, les conflits, les agressions, les bonnes et les mauvaises choses.
Lorsqu'on fait du sport avec des copains, des amis, et qu'on perd, on commence à s'énerver ou être vexé, à s'agacer.
Si vous apprenez à gérer ces émotions et à faire passer le côté positif de la pratique sportive avant, vous vous rendrez compte que gagner ou perdre n'a aucune importance, car le plus important est de vivre cet instant social cool avec ses amis, de s'amuser et de rigoler. Tout en tirant un bénéfice pour son corps.
Car finalement, faire du sport en prenant du plaisir, c'est faire du sport utile.

POUR DÉVELOPPER SA FORCE MENTALE, IL FAUT TOUJOURS DONNER LE MEILLEUR DE SOI. IL FAUT ÊTRE SINCÈRE AVEC SOI-MÊME ET NE JAMAIS SE MENTIR.

Il faut toujours reconnaître ses faiblesses et ses forces car une fois qu'on a réussi, on ne peut qu'avancer. Ayez toujours confiance en vous et n'ayez jamais peur de l'échec. Tout le monde, je dis bien tout le monde, a connu des échecs dans sa vie. Tout le monde a perdu avant de réussir. Et même après avoir réussi, tout le monde peut perdre à nouveau.
C'est un cycle logique.
On ne peut pas toujours être le meilleur, on ne peut pas toujours réussir.
L'échec est essentiel pour apprécier la réussite.
Alors évidemment il faut du temps pour se forger un mental fort ou un mental assez solide pour réussir, mais ce n'est qu'une question d'entraînement et c'est surtout une question de régularité et de discipline.
Si vous n'êtes pas capable d'y arriver tout seul, alors vous devez prendre un coach, lire des livres, regarder des vidéos pour vous motiver à atteindre votre objectif.
Vous pouvez demander à votre entourage, solliciter vos amis, mais vous devez mettre en place un planning, une organisation qui vous mette dans l'action.
N'imaginez pas les choses, faites-les.

ASTUCES ET EXERCICES EN PLUS POUR TRAVAILLER SON MENTAL ET ÊTRE POSITIF

S'ESTIMER ET ÊTRE BIENVEILLANT ENVERS SOI-MÊME EST JE PENSE LA CHOSE LA PLUS IMPORTANTE. SE RESPECTER SOI-MÊME !

APPRENDRE À ÊTRE PATIENT.

ÉVITER DE REGARDER LES INFORMATIONS TROP SOUVENT À LA TÉLÉ OU SUR SON SMARTPHONE.

N'ÉCOUTER QUE DES MUSIQUES POSITIVES ET QUI BOUGENT. STOP AUX CHANSONS TRISTES.

SE LEVER TOUS LES MATINS EN SE DISANT QU'ON EST LE MEILLEUR, QU'ON EST LE PLUS BEAU OU LA PLUS BELLE, QU'ON EST LE PLUS FORT.

RÉGLER LES PROBLÈMES ET FAIRE FACE, AU LIEU DE LAISSER TRAÎNER DANS LE TEMPS.

SAVOIR DIRE NON (À QUOI ÇA SERT DE DIRE OUI SI ON N'A PAS ENVIE, SOYEZ COURAGEUX ET N'AYEZ PAS PEUR DE CE QUE PENSENT LES AUTRES ET SURTOUT, N'AYEZ PAS PEUR DE DIRE NON OU D'ÊTRE UN PEU ÉGOÏSTE).

SE LANCER DES DÉFIS. QUELQUE CHOSE QUE VOUS N'OSEZ PAS FAIRE, ALLEZ DE L'AVANT, ESSAYEZ DE VAINCRE VOS PEURS. ATTENTION, JE N'AI PAS DIT DE VOUS METTRE EN DANGER. FAITES DES CHOSES ACCESSIBLES. DÉFIS SPORTIFS OU ARTISTIQUES OU PROJETS !

OUBLIER LE PASSÉ ET ÉVITER D'EN REPARLER SANS CESSE.

NE JAMAIS SE COMPARER AUX AUTRES, CHACUN EST COMME IL EST. ACCEPTEZ QUI VOUS ÊTES !

AIDER LES GENS OU UNE CAUSE, CELA EST TRÈS VALORISANT.

COMMUNIQUER. PLUS VOUS COMMUNIQUEZ, PLUS VOUS VOUS RENDREZ COMPTE DES CHOSES.

FAIRE DU SPORT EN GROUPE, EN ÉQUIPE, ENTRE AMIS. C'EST LA MEILLEURE FAÇON DE TRAVAILLER SON MENTAL.

EXERCICES POIDS DE CORPS

S'ÉCHAUFFER, C'EST IMPORTANT

S'il y a bien une chose importante dont j'ai pris conscience tout au long de ma carrière, c'est de ne surtout pas sous-estimer et négliger l'échauffement.

Il faut toujours, je dis bien toujours, prendre le temps de vous échauffer avant de commencer votre activité quelle qu'elle soit. Réservez systématiquement un petit peu de temps pour votre échauffement.

Voici quelques exemples d'échauffement très simples mais essentiels à effectuer :

- **marcher et faire quelques pas en montée pointe de pieds**
- **quelques rotations des genoux en appui bien stable sur les pieds**
- **quelques rotations de hanche puis des rotations de buste**
- **rotations des poignets et des coudes**
- **rotations de la tête pour chauffer la nuque et le cou**

Qui ne connaît pas ces exercices ? Cela prend 5 minutes et apporte un bénéfice réel à votre séance, cela vous fait un réveil léger et doux aussi bien articulaire que musculaire. Ensuite, faites de la marche rapide ou un peu de cardio, ce sera parfait pour terminer l'échauffement.

Il faut que votre corps monte suffisamment en température pour chauffer vos muscles et vos articulations, pour éviter toute blessure en début de séance, un faux mouvement pourrait provoquer une douleur, tout cela permet également d'augmenter légèrement votre rythme cardiaque et votre respiration pour préparer votre organisme à l'activité.

Évidemment, si vous travaillez en salle, c'est beaucoup plus facile. Il vous suffit de faire 5 minutes de rameur, 5 minutes de marche sur tapis et c'est réglé. Avec 15 minutes d'échauffement, vous êtes paré. Votre corps est monté en température pour commencer à faire des exercices de renforcement musculaire sans risque.

La règle est très simple. Toujours s'échauffer pour faire monter sa température de corps, idéalement entre 12 et 15 minutes d'exercices.

Ensuite si vous utilisez des poids, commencez toujours avec des charges moins lourdes que ce que vous êtes capable de soulever en général pour vous échauffer, puis consolidez sur les gestes en spécifique en préservant vos muscles et vos tendons des risques de blessures.

EXERCICES SANS MATÉRIEL DÉBUTANT

POMPES

1

2

1 2

En position de pompes, bras écartés et genoux ouverts, effectuez votre pompe en gardant le buste bien droit et le bassin en avant. N'hésitez pas à utiliser un tapis de sport pour vous éviter toute douleur aux genoux au moment de l'appui. Gainez bien vos abdominaux au moment de la pompe pour que la descente et la montée soient plus efficaces. Pensez toujours à respirer au moment de la descente et soufflez au moment de la poussée. Entre 10 et 30 répétitions par séries de 4 ou 5.

3 4

Dans la même position de départ, collez vos coudes au corps pour augmenter la difficulté et travailler davantage vos triceps, et rapprochez vos mains. Effectuez les pompes avec les mêmes consignes. Entre 10 et 15 répétitions par séries de 3 ou 4.

3

4

5

6

5 6

Dans la même position de départ, cette fois-ci collez vos mains en triangle pour éviter de vous blesser les poignets au moment d'effectuer le mouvement. Puis faites votre pompe en touchant votre torse sur le dos de vos mains, pour accentuer le travail des pectoraux internes. Entre 8 et 15 répétitions par séries de 3 ou 4.

Ces trois positions de mains différentes viendront équilibrer en harmonie le travail de vos deltoïdes antérieurs, biceps, triceps, pectoraux.

7 8 9

Effectuez les pompes cette fois-ci en appui seulement sur les mains et les pieds. Les mains et les jambes écartées avec un fort gainage pour garder le tronc bien aligné dans l'axe du corps. Pensez toujours à bien respirer. Entre 10 et 20 répétitions par séries de 3 ou 4.

7

8

9

ABDOMINAUX

1 2

Allongé sur le dos, bras croisés, mains sur les épaules, menton collé au torse sans jamais le décoller pendant le travail si possible, ce qui vous évitera d'avoir mal au cou ou aux cervicales. Enroulez vos épaules vers l'avant tout en contractant vos abdominaux. Contrôlez le retour avant de recommencer. Entre 10 et 20 répétitions par séries de 3 ou 4.

1

2

3

4

5

3 4 5

Allongé sur le dos, appui sur les talons, orteils en l'air, tête redressée et gainée. Bras tendus, touchez une fois le pied droit avec la main droite, et une fois le pied gauche avec la main gauche. Puis recommencez tout en gardant les abdominaux contractés légèrement. Entre 20 et 40 répétitions par séries de 3 ou 4.

6 7

Allongé sur le dos avec une jambe croisée, bras du même côté sur le ventre. L'autre jambe en appui au sol et main opposée en contact avec les doigts sur la tempe, coude en l'air. Attention, on ne met pas la main derrière la tête. Effectuez une contraction en rotation avec le coude en direction du genou opposé. Deux possibilités de travailler : une en amplitude et l'autre en mouvement court. Entre 10 et 20 répétitions par séries de 3 ou 4. Pour les confirmés, entre 40 et 50 répétitions par séries de 5 à 8.

8

9

6

7

8 3

Allongé sur le dos, soit jambes croisées, soit jambes écartées avec genoux pliés. Doigts en contact sur les tempes, coudes ouverts. Redressez-vous légèrement, regroupez les coudes en direction des genoux et revenez en position initiale pour recommencer. Moi, j'aime travailler ce mouvement en dynamique le plus rapidement possible tout en gardant bien les pieds en l'air. Entre 20 et 30 répétitions par séries de 3 ou 4.

10 11 12

Abdominaux ludiques. Allongé sur le dos, pieds au sol et jambes fléchies. En position de garde de boxeur, poings fermés mais souples, contractez vos abdominaux en donnant un coup de poing droite et gauche sans vous arrêter. Une main qui donne le coup et une main qui reste en garde. Entre 20 et 30 répétitions par séries de 3 ou 4.

10

11

12

13

14

13 14

Allongé sur le dos, jambes en l'air, les mains trois quarts sous les fesses chacune d'un côté, tête posée au sol. Décollez au départ vos jambes à 70 degrés et montez les jambes à 90 degrés de manière contrôlée, puis redescendez à 70 degrés. Ce qui est important, c'est de s'habituer à cet exercice sans trop forcer, mais de ressentir une bonne petite contraction tout de même. Attention, si cet exercice vous fait mal au dos, alors ajustez le positionnement des mains. Entre 10 et 20 répétitions par séries de 3 ou 4.

JAMBES

1 2

Squat classique. Debout, travaillez votre puissance de jambe et de muscle fessier. Écartez bien vos pieds. Faites une flexion jusqu'à ce que vos fesses soient à hauteur des genoux. Entre 10 et 20 répétitions de squats par séries de 3 ou 4.

1

2

3

4

5

6

7

3 4 5 6 7

Debout, exécutez une demi-flexion puis redressez-vous pour venir toucher un genou et le coude opposé, puis répétez le même geste de l'autre côté. Entre 10 et 20 répétitions par séries de 3 ou 4.

JAMBES ET CARDIO

1 2

« Jumping Jack ». En mouvement, fermez les jambes et simultanément les bras vers le ciel, puis ouvrez-les en même temps. Entre 10 et 20 répétitions par séries de 3 ou 4.

1

2

3 4

Comme un sprinter, courez sur place en montant bien les genoux avec un rythme soutenu sur les pointes de pied. Entre 10 et 20 secondes par séries de 3 ou 4.

3

4

5

5

En position quadrupédique, levez le genou vers le ciel le plus haut possible au niveau de l'épaule. Entre 10 et 20 répétitions par côté et par séries de 3 ou 4.

6

7

6 7

Un genou au sol, mains en appui. Jambe tendue dans l'axe du corps, levez la jambe, talon vers le ciel tout en contractant fessier, ischio-jambier et mollet. Entre 10 et 20 répétitions par côté et par séries de 3 ou 4.

8

9

8 9

En position plage, allongé sur le côté. Levez la jambe tendue le plus haut possible. Poussez en continu le talon de bas en haut en contractant fort fessier, ischio et mollet. Toute la jambe doit être en contraction. Entre 10 et 20 répétitions par côté et par séries de 3 ou 4.

10

11

10 11

Travail de fente avant ou arrière. Prenez bien appui avec un écart suffisant, tout en restant le buste droit. Le secret est de bien répartir votre poids de corps sur les deux jambes. Pas trop en avant, pas trop en arrière. À force de répéter, vous sentirez l'équilibre arriver rapidement. Entre 10 et 20 répétitions de chaque côté par séries de 3 ou 4.

12 13

Le plus vite possible, faites des appuis courts sur place, explosifs, pieds alternés. Entre 5 et 10 secondes par séries de 3 ou 4.

12

13

14

Corde à sauter. Soit pieds joints, soit pieds alternés, soit montée de genoux en course. Entre 30 secondes et 2 minutes de travail par séries de 5 à 10.

14

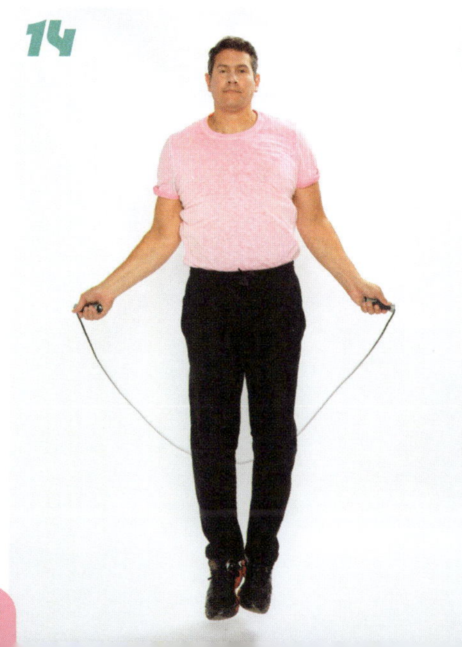

15 16
En position de pompes sur les poings, travaillez le renforcement des poignets en position de gainage à genoux ou en appui sur les pieds. Entre 10 à 20 secondes, par séries de 3 ou 4.

15

16

17 18
En position sur le ventre, travail des lombaires. Décollez les bras et les jambes. Départ coudes contre les hanches, touchez vos mains devant la tête, puis revenez coudes aux hanches, sans jamais poser vos bras au sol. La tête reste droite, le regard au sol. Entre 20 et 30 répétitions par séries de 3 ou 4.

17

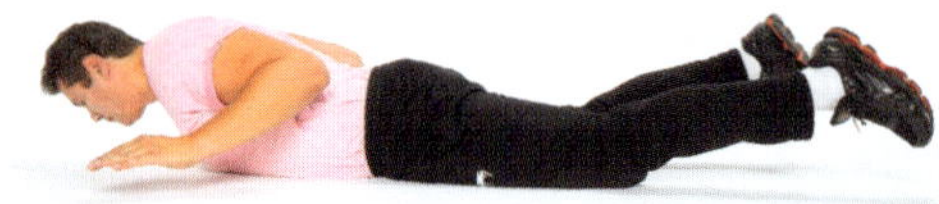

18

19 20
Debout, pieds à plat, montez sur la pointe des pieds avec les deux pieds en même temps et descendez en contrôlant la descente. Entre 10 et 30 répétitions par séries de 3 ou 4.

19

20

EXERCICES SANS MATÉRIEL

CONFIRMÉ

POMPES

1 2

Travail de pompes avec les jambes jointes et les pieds collés, ce qui va augmenter la difficulté car cela va vous demander un gainage plus soutenu et augmenter le poids sur le haut du corps. Entre 30 et 50 répétitions par séries de 5 à 8.

1

2

3 4 5

Position des mains en triangle, jambes écartées. À noter que vous pouvez également le faire jambes et pieds joints. Effectuez les pompes le torse en direction des mains tout en gardant bien le bassin face au sol. Entre 20 et 40 répétitions par séries de 5 à 8.

3

4

5

6 7 8

En position de départ au sol, coudes collés au corps. Effectuez des pompes dynamiques et courtes, explosives, ce qui vous permettra d'être rapide et puissant. 20 cm de décollement environ. Entre 50 et 100 répétitions par séries de 5 à 8.

6

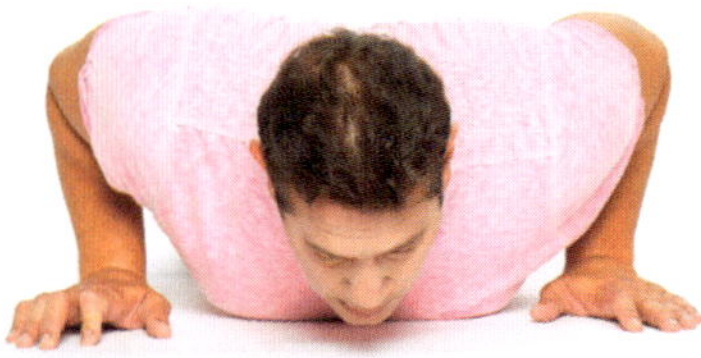

7

8

9

10

11

12

9 10 11 12

Pompes claquées. *Idem* séries de 5 à 8, selon votre choix, les jambes jointes ou écartées pour plus de stabilité. Effectuez une pompe explosive suffisamment puissante pour faire décoller votre buste en l'air et pour avoir le temps de taper rapidement vos deux mains ensemble, avant de reprendre appui au sol pour recommencer. Ceci vous permet de travailler votre vitesse et votre puissance maximales. Entre 20 et 40 répétitions pour 5 à 8 séries.

ABDOMINAUX

1 2

Position sur le dos, pieds au sol, jambes fléchies, doigts sur les tempes et coudes en l'air. Redressez-vous complètement avec le buste bien droit en direction des genoux sans décoller les pieds. Puis contrôlez le retour dans la position de départ sans taper le dos au sol, à la force de la contraction abdominale. Pensez toujours à bien respirer. Entre 40 et 80 répétitions par séries de 5 à 8.

1

2

3 4

En position jambes en l'air, tête rentrée et bras en l'air en direction des pieds, essayez de vous redresser le plus haut possible. L'idée est d'essayer plusieurs fois de toucher vos orteils. Moi j'adore faire ce mouvement d'une manière tonique et explosive. Entre 50 et 100 répétitions par séries de 5 à 8.

3

4

5 6

La bicyclette. Incontournable pour le travail de gainage dynamique en douceur. Alternez coude droit contre genou gauche, puis inversez tout en venant tendre les jambes chacune leur tour sans jamais poser un pied au sol, avec le cou bien gainé et les doigts sur les tempes. Entre 40 et 80 répétitions par séries de 4 à 8.

5

6

7 8

Alternez une fois main droite - jambe droite puis une fois main gauche - jambe gauche, relevez le buste. Faites des allers-retours sans vous arrêter. Entre 20 et 50 répétitions par séries de 5 à 8.

7

8

9

10

9 10

Allongé sur le dos jambes en l'air, les mains sous les fesses, tête posée au sol. Décollez au départ vos jambes à 10 degrés et montez les jambes de manière contrôlée à 90 degrés, puis redescendez à 10 degrés toujours de manière contrôlée. Entre 30 et 40 répétitions par séries de 5 ou 6.

11

11 12 13

Travail des obliques en départ allongé de côté au sol. L'objectif est de lever les deux jambes en même temps que le

12

13

bras descend en direction des jambes. Puis chacun reprend sa place. Variante possible avec le coude en appui au sol. Entre 20 et 40 répétitions par séries de 4 à 8.

14 15

Abdominaux ludiques. Allongé sur le dos, pieds au sol, jambes fléchies. En position de garde de boxeur poings fermés, redressez-vous complètement en donnant un coup de poing droite et gauche sans vous arrêter, puis contrôlez le retour et recommencez. Entre 20 et 50 répétitions par séries de 5 à 8.

14

15

JAMBES

1 2 3 4

« Jump Squat ». Faites des flexions-extensions. Réceptionnez-vous en demi-flexion et recommencez. Entre 20 et 30 répétitions par séries de 5 à 8.

1

2

3

4

5

6

7

5 6 7

« Jump Squat » jambes alternées. Un des exercices les plus durs. En position de fente avant, fléchissez et sautez le plus haut possible, tout en inversant les jambes au moment de la réception. Entre 20 et 30 répétitions par séries de 5 à 8.

8 9 10 11 12 13
Debout, faites une demi-flexion ou flexion complète, puis redressez-vous et envoyez un coup de pied de face de chaque côté, puis recommencez entre 20 et 40 répétitions.

14 15
Exercice ludique mais pas facile. Donnez des rafales de coups de poing devant vous, tout en courant sur place. Les montées de genoux alternées vous donnent le rythme des bras. Vos bras sont en opposition de mouvement avec vos jambes afin d'être en équilibre. Vous ne pouvez pas monter le genou droit et donner un coup avec la main droite. Forcément main droite, genou gauche. Travail de coordination. Entre 20 et 30 secondes par séries de 5 à 8.

16
En position de « Mountain Climber ».
En position isométrique genou en avant sans bouger, maintenez entre 20 et 30 secondes par côté par séries de 5 à 8.

17

18

17 18

En position à genoux au sol, levez la jambe tendue vers le ciel le plus haut possible au niveau de l'épaule. Avec le pied droit et les orteils ramenés vers vous. Entre 10 et 20 répétitions par côté et par séries de 4 à 8.

19 20

Voici un exercice ludique que j'utilisais pour travailler ma puissance de coups de pied au karaté. En position un genou au sol, mains en appui au sol. Levez le genou le plus haut possible sur le côté en direction de l'épaule, puis pivotez à 90° vers l'avant pour lancer un coup de pied circulaire jambe tendue, puis revenez faire un pivot de 90° genou toujours armé, donc en l'air niveau épaule pour reprendre la position initiale, puis recommencez. Travail de coordination, de gainage et de renforcement très technique. Entre 10 et 20 répétitions par côté et par séries de 4 à 8.

19

20

21

22

23

24

25

26

21 22 23 24 25 26
Voici le travail qui pour moi mélange l'endurance, le renforcement musculaire, la puissance et le cardio. Le « Burpees » bras tendus ou le « Burpees » pompe. L'objectif : aller vite en flexion puis position de gainage bras tendus au sol, ou faites une pompe puis revenez groupé en appui « Jump Squat » le plus haut possible, réception puissante en squat, puis position de gainage bras tendus ou une pompe. Et on recommence. Vous devez faire cela en rythme si possible et le plus vite possible. Entre 10 et 30 répétitions par séries de 5 à 8.

27

28

27 28
Le plus vite possible, faites des appuis courts sur place, explosifs, pieds alternés. Entre 10 et 20 secondes, par séries de 5 à 8.

29

29
Corde à sauter. Soit pieds alternés, soit montée de genoux en course.
Entre 3 et 5 minutes de travail par séries de 5 à 8.

30

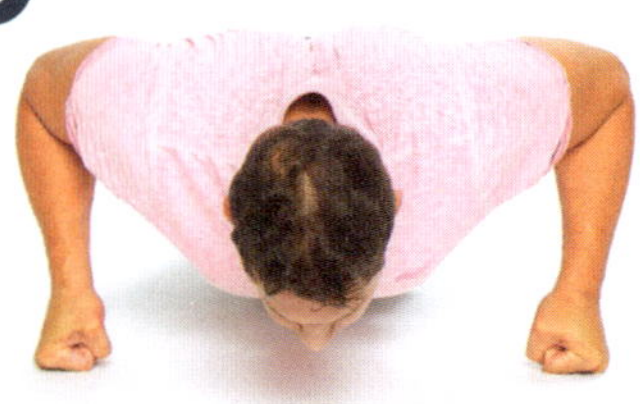

30
Pompes sur les poings. Réalisez vos pompes sur les poings pour renforcer la puissance et le gainage de vos poignets.
Entre 20 et 40 répétitions par séries de 5 à 8.

31

32

33

34

35

31 32 33 34 35
Gainage ludique. En position de pompes sur les mains. Armez une main à la hanche, et donnez un coup de poing vers l'avant, tout en restant bien gainé, le bassin face au sol, puis armez la main de l'autre côté, et donnez un coup de poing puis recommencez. Entre 10 et 20 répétitions par séries de 5 à 8.

36

37

38

36 37 38
Travail lombaires papillon. En position sur le ventre, jambes en l'air, bras tendu, touchez vos mains devant la tête et derrière le dos, sans jamais toucher le sol. Entre 10 et 20 répétitions par séries de 5 à 8.

39
Debout pieds à plat, travail d'extension avec les deux pieds en même temps et les pieds en contact avec le sol. Recommencez. Entre 10 et 30 répétitions par séries de 5 à 8.

39

40
En position de Squat jambes et pieds écartés. Montez sur la pointe des pieds. Le buste bien droit. Vous pouvez travailler soit sur des répétitions, soit sur des temps où vous tenez la posture.
En répétitions entre 10 et 20 et en temps entre 10 et 20 secondes par séries de 5 à 8 pour les deux.

40

EXERCICES AVEC MATÉRIEL

DÉBUTANT

1

2

3

1 2 3

Abdominaux ludiques. Allongé sur le dos, pieds au sol, jambes fléchies. En garde de boxeur avec dans chaque main une bouteille d'eau (taille de bouteille en fonction de votre gabarit). Contractez vos abdominaux en donnant un coup de poing droite et gauche sans vous arrêter et sans vous redresser. *Idem*, une main qui donne le coup et une main qui reste en garde. Entre 10 et 20 répétitions par séries de 3 ou 4.

4 5

En position de fente avant, genou au sol. Un bras tendu devant, un bras tendu sur le côté avec une bouteille d'eau dans chaque main. Maintenez la position de gainage en contractant bien vos abdominaux. Puis inversez vos appuis et inversez les bras. Entre 10 et 15 secondes de travail par séries de 3 ou 4.

4

5

JAMBES

1 2

Debout, une bouteille dans chaque main ou une bouteille pour les deux mains. Déplacez-vous en marchant en avant ou en arrière, tout en déplaçant vos deux bras simultanément de droite à gauche en essuie-glace avec une belle amplitude. Gardez bien les bras tendus au niveau des épaules pour que le gainage soit optimal. Faites 10 pas en avant puis 10 pas en arrière, 30 secondes de récupération, par séries de 3 ou 4.

1

2

3 4 5

Debout, vous êtes en demi-flexion tout le long de l'exercice avec une bouteille d'eau dans chaque main. Ramenez dans un premier temps les bouteilles aux épaules, puis tout en restant jambes fléchies, tendez les bras vers le ciel. Retour aux épaules, puis bras en bas. Répétez le mouvement entre 10 et 20 fois par séries de 3 ou 4.

3

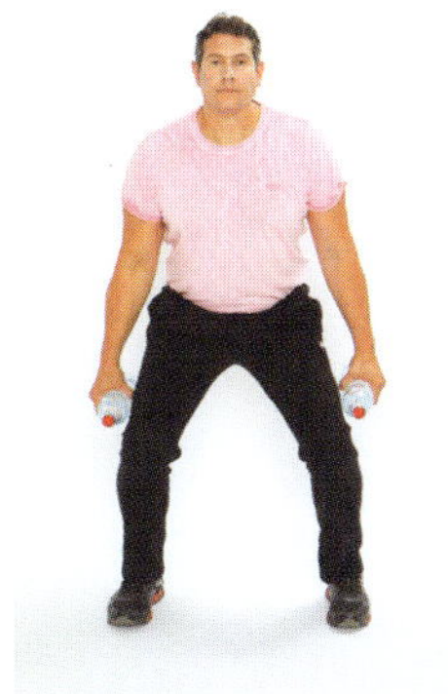

4

5

GAINAGE

1

1

En position assise sur le Swiss Ball, le dos bien droit. Mettez les bras en croix, bien tendus dans l'axe des épaules, en travail isométrique sans bouger, avec une bouteille dans chaque main. Entre 10 et 20 secondes par séries de 3 ou 4.

2

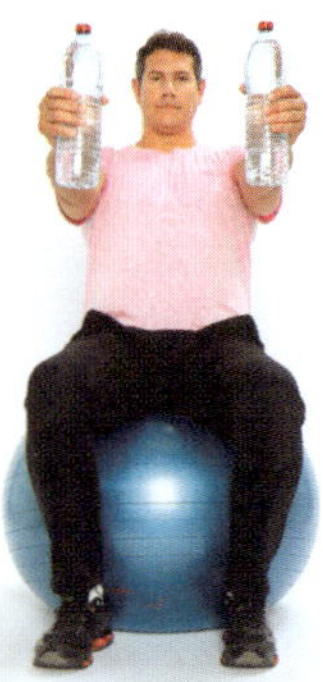

2

En position assise sur le Swiss Ball, le dos bien droit. Mettez vos deux bras tendus de face avec une bouteille dans chaque main. Entre 10 et 20 secondes par séries de 3 ou 4.

3

3

En position de pont, le dos sur le Swiss Ball, les jambes à 90 degrés, les pieds au sol, le bassin bien bloqué dans l'axe du corps. Maintenez la position avec les deux bras tendus vers le ciel. Entre 20 et 30 secondes de travail par séries de 3 à 5.

4 5

En position dos sur le Swiss Ball, les pieds au sol, le bassin bien bloqué dans l'axe du corps. Descendez les deux bras tendus vers l'arrière avec une grosse bouteille d'eau et remontez. Contractez fort les abdominaux au moment du travail. Entre 10 et 15 répétitions par séries de 3 à 5.

4

5

6

Travail avec un Bosu. En position de gainage, mains écartées, jambes écartées. Maintenir le corps en planche. Entre 10 et 30 secondes par séries de 3 ou 4.

6

7

Debout. Faites un squat sur le Bosu avec les deux bras qui montent vers l'avant, une bouteille d'eau dans chaque main sans perdre l'équilibre. Entre 5 et 10 répétitions par séries de 3 ou 4.

7

8

9

8 9

Debout sur le Bosu, un bâton dans les mains, bras tendus vers le ciel. Venez faire un squat en gardant les deux bras tendus vers le ciel sans perdre l'équilibre. Entre 5 et 15 répétitions par séries de 3 ou 4.

10

10

Debout avec les deux bras tendus en avant au niveau des épaules, avec une bouteille dans chaque main, levez un genou le plus haut possible et maintenez la position entre 10 et 30 secondes par côté par séries de 3 ou 4.

11 12

Debout, jambes semi-fléchies. Travail des ischio-jambiers, fessiers et lombaires. En appui sur les talons avec une bouteille d'eau dans chaque main, bras tendus, baissez et remontez le buste. Ne remontez pas en tendant les jambes complètement pour que le travail soit plus efficace. Entre 10 et 20 répétitions par séries de 3 ou 4.

13

13

Allongé sur le ventre, jambes et mains décollés du sol, travail des lombaires avec une bouteille d'eau dans chaque main. Tenez la position coudes à 90 degrés sans toucher le sol. Maintenez la position entre 10 et 20 secondes par séries de 3 ou 4.

14

14

En appui sur un tabouret ou sur une chaise, travaillez vos triceps, jambes pliées, les bras en position arrière. Entre 10 et 15 mouvements par séries de 3 ou 4. Pour les confirmés, entre 20 et 30 par séries de 4 à 8.

EXERCICES AVEC MATÉRIEL

CONFIRMÉ

1

2

3

1 2 3

Abdominaux ludiques. En position sur le dos, pieds au sol, jambes fléchies. En garde de boxeur avec dans chaque main une bouteille d'eau. Redressez-vous complètement et donnez un coup de poing droite et gauche entre les jambes puis recommencez. Entre 20 et 40 répétitions par séries de 5 à 8.

4 5

Allongé sur le dos, jambes fléchies, pieds au sol, bras tendus vers le ciel, une bouteille ou deux dans les mains, tête décollée. Redressez-vous complètement les bras vers le ciel. Surtout au moment de la descente, contrôlez bien, ne soyez pas fainéant pour éviter de taper le dos au sol. Entre 20 et 40 répétitions par séries de 5 à 8.

4

5

6

7

❻❼

En position de Fente avant, genou au sol. Les bras tendus une fois devant, une fois tendus sur le côté avec une bouteille d'eau dans chaque main. Maintenez la position. Puis inversez vos appuis et changez de côté.
Entre 20 et 30 secondes de travail par séries de 5 à 8.

JAMBES

❶❷❸❹

Un exercice de gainage que j'aime beaucoup. Exercice que m'a fait découvrir lors d'un stage d'entraînement à l'étranger mon ancien coach et ami Laurent Satabin, ex-entraîneur national de jujitsu.
Debout avec une bouteille d'eau dans chaque main, les jambes écartées. Effectuez une flexion complète ou une demi-flexion avec les jambes et simultanément, levez les deux bras tendus à 90 degrés d'un côté, puis de face, puis de l'autre côté. Répétez cela entre 10 et, 20 fois par séries de 5 à 8. Quand j'étais compétiteur, je le faisais à l'époque avec des haltères de 25 kg dans chaque main.

1 2 3 4

5

6

7

5 6 7

Idem, exercice que j'aimais faire quand j'étais athlète et qui développe un gainage puissant et très efficace pour les sports de combat.

Debout avec une grosse bouteille d'eau dans les mains. Réalisez simultanément une demi-flexion ou une flexion complète en gardant bien la bouteille contre le torse. Puis le plus vite possible, faites une extension avec les jambes et jetez la bouteille d'un côté, bras tendus. Puis répétez la flexion et jetez bras tendus de l'autre côté. Faites comme si vous la jetiez, mais vous gardez bien la bouteille en contrôle dans les mains. Plus vous allez vite et fort, plus vous serez puissant et endurant. Je faisais cela avec un disque de 30 kg à raison de 20 répétitions à l'époque. Faites entre 10 et 20 répétitions par séries de 5 à 8.

GAINAGE

1

Assis sur le Swiss Ball, le dos bien droit. Levez une jambe en l'air, l'autre en appui au sol, avec dans chaque main une bouteille d'eau. Un bras tendu de face, au niveau de l'épaule opposée à la jambe en l'air et un bras de côté également tendu. Tenez 20 à 40 secondes par côté par séries de 5 à 8.

1

2

3

2 3

Assis sur le Swiss Ball, le dos bien droit avec une bouteille dans chaque main. En position de départ, les bouteilles au niveau des épaules. Poussez vers le ciel les bras tendus, les deux bras en même temps. Entre 20 et 40 répétitions par séries de 5 à 8.

4

5

4 5

Dos sur le Swiss Ball, les jambes à 90 degrés, les pieds au sol. Le bassin bien bloqué dans l'axe du corps. Poussez les deux mains vers le ciel avec une bouteille d'eau dans chaque main, les deux bras tendus. Entre 20 et 40 répétitions par séries de 4 à 8.

6 7

Dos sur le Swiss Ball, les jambes à 90 degrés, les pieds au sol. Le bassin bien bloqué dans l'axe du corps. Poussez une grosse bouteille avec les deux mains vers le ciel, bras tendus. Entre 20 et 40 répétitions par séries de 4 à 8.

6

7

8 9

Dos sur le Swiss Ball, les pieds au sol, le bassin bien bloqué dans l'axe du corps. Faites l'essuie-glace avec la grosse bouteille d'eau bras bien tendus. Mouvements contrôlés de chaque côté sans perdre l'équilibre. Entre 10 et 20 répétitions par séries de 5 à 8.

8

9

10 11

Travail avec un Bosu. En position de gainage, mains écartées, jambes écartées. Faites des pompes le corps bien gainé, le bassin face au sol. Entre 10 et 30 répétitions par séries de 5 à 8.

10

11

12 13 14 15

Réalisez un « Burpees » avec le Bosu dans les mains le plus vite possible, sans sauter. Position de gainage, redressez-vous et tendez les bras et le corps avec le Bosu dans les mains, le plus fort et le plus vite possible, puis reposez le Bosu pour recommencer. Entre 10 et 20 répétitions par séries de 5 à 8.

12

13

14

15

16

17

18

16 17 18

Debout sur le Bosu, une bouteille d'eau dans chaque main, en position épaules bras pliés. Faites un squat, puis avec les deux bras, faites un épaulé-jeté vers le ciel, tout en restant en position de squat, sans perdre l'équilibre. Entre 10 et 20 répétitions par séries de 4 à 8.

19 20

Petit travail de la chaîne postérieure. En position fléchie demi-squat, le buste en avant avec une bouteille d'eau dans chaque main en pronation. Exécutez des tirages, bras tendus, bras pliés. Entre 20 et 40 répétitions par séries de 4 à 8.

19

20

21 22

Dans la même position fléchie, le buste en avant, les jambes écartées. Cette fois-ci, saisissez les bouteilles d'eau avec les mains en supination, et faites des tirages de bas en haut avec les coudes, ramenez le plus haut possible vers l'arrière. Entre 20 et 40 répétitions par séries de 4 à 8.

21

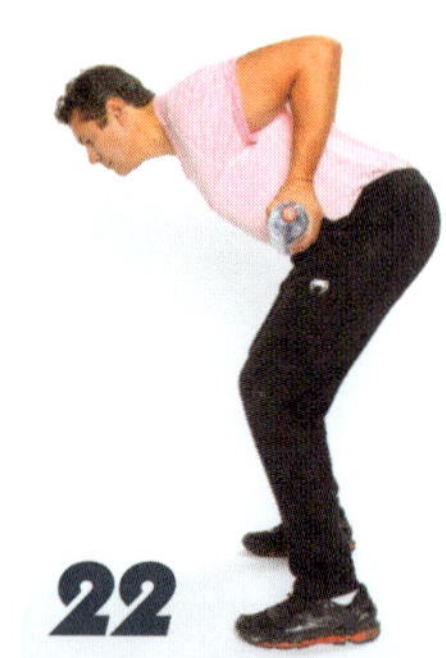

22

23

24

23 24

Allongé sur le ventre. Travail des lombaires et fessiers, avec les jambes et bras en l'air. Une bouteille dans chaque main, ouvrez les bras sur le côté en pliant les coudes puis serrez les mains en laissant les coudes légèrement décollés du sol.

25

26

27

25 26 27

Allongé sur le ventre, les jambes et bras décollés du sol. Une bouteille dans une main, bras tendu d'un côté. Donnez la bouteille à l'autre main devant la tête, puis tendez le bras sur le côté, avant de redonner la bouteille à l'autre main sans toucher le sol. Tête droite et regard vers le sol. Répétez entre 10 et 20 fois le mouvement par séries de 4 à 8.

28

En appui sur un tabouret ou sur une chaise, travaillez vos triceps, jambes tendues avec les bras en position arrière. Entre 20 et 30 mouvements par séries de 4 à 8.

28

GAINAGE

LE GAINAGE EST L'EXERCICE LE PLUS IMPORTANT ET EFFICACE AU MONDE.

Le gainage permet de renforcer votre chaîne musculaire en profondeur. Il dessine les formes de votre corps et développe la vraie puissance interne. Le travail du « corps ». Son rôle est très important. Il doit maintenir la stabilité du tronc mais aussi permettre la coordination entre le haut et le bas du corps. Je conseille d'en faire tout au long de l'année.

Vous ne le saviez peut-être pas mais beaucoup d'exercices physiques, de techniques et d'appareils ont été développés pour la médecine. Afin de soigner les gens. Il faut savoir que votre colonne vertébrale et vos organes sont maintenus efficacement grâce au gainage profond entre autres.

Dans nos pratiques, nous développons beaucoup de gainages spécifiques, que ce soit dans le travail pied-poing, dans le corps à corps debout, dans l'opposition, dans la maîtrise de la distance et du contrôle. Dans le travail au sol aussi, le gainage est essentiel, il permet une meilleure mobilité.

Le gainage concourt à une meilleure motricité et une meilleure coordination à tous points de vue.

Alors évidemment le gainage, ce n'est pas seulement rester en position de planche sur les coudes et ce ne sont pas seulement les abdominaux qui travaillent, mais tous les muscles du tronc.

Le gainage peut se travailler de plusieurs manières : immobile en statique, comme en mouvement avec ou sans accessoire. Je trouve que le poids de corps est idéal et suffisant pour développer une grande forme physique et surtout, il permet de s'entraîner où on veut et quand on veut. Après, pour de la performance de haut niveau, on peut utiliser des poids et des machines.

L'outil essentiel à se procurer est le Swiss Ball.

Oui c'est vrai, c'est un peu encombrant, mais c'est très utile, que ce soit pour le gainage ou la récupération. Ce travail est mon préféré. On parle de proprioception. Vous êtes constamment en déséquilibre et en instabilité, tout en gainant. Ce qui multiplie l'effort. Et il stimule votre cerveau *via* le système nerveux. Il permet de prendre conscience de votre corps et de vos mouvements. Un travail au niveau neurologique souvent très sous-estimé. En résumé, vous musclez votre cerveau non-stop.

Plus vous gainez, plus vous êtes stable. En gros, si vous faites les feignants, ça se voit tout de suite car vous risquez de tomber à terre. Je crois que la première fois que j'en ai fait, mon corps tremblait de partout parce que j'avais du mal à me stabiliser. En revanche, j'ai progressé extrêmement vite.

Le principe du gainage est de renforcer la sangle abdominale et les lombaires. Mais aussi de prévenir les douleurs du dos. Elle corrige certaines mauvaises positions que vous pouvez prendre dans le sport comme au travail. Si jamais une douleur au dos persiste malgré le gainage et le renforcement musculaire, n'hésitez pas à consulter un médecin du sport sans attendre.

Les abdominaux sont constitués de plusieurs groupes : muscle transverse, muscle oblique, muscle grand droit. Chaque muscle a une fonction bien précise. Donc plus vous les travaillez et plus vous êtes mobile dans la pratique sportive. Également au quotidien, que ce soit pour monter les escaliers, sauter, marcher, courir, porter vos courses, porter vos enfants, porter Madame ou Monsieur, cela vous change la vie, c'est un vrai confort. Et vous risquez beaucoup moins de vous faire mal.

Très bonne nouvelle Mesdames, et évidemment Messieurs : le gainage tonifie, raffermit le corps d'une manière très efficace. Au niveau esthétique, il n'y a pas mieux pour dessiner une belle silhouette.

Encore une fois, je ne vais pas vous mentir, le gainage ne suffit pas à perdre son petit bidon d'amour. Il faudra forcément faire attention à son assiette et associer le gainage à un travail cardio et du renforcement musculaire fonctionnel.

Il faut bien comprendre une chose, c'est que c'est grâce aux abdominaux que nos viscères sont soutenus. Donc plus la ceinture abdominale est gainée, plus notre ventre est maintenu. Ce qui, finalement, nous donne un ventre plat et une jolie silhouette.

Sans parler d'exercice bien spécifique, je vous donne une petite astuce que moi-même j'utilise tout le temps.

LE CONSEIL DU CHAMPION

Première chose très importante : j'évite de relâcher mon ventre tout le temps, pour ne pas lui donner de mauvaises habitudes. Toute la journée je gaine légèrement mon ventre et je le maintiens rentré. C'est un petit exercice. C'est aussi une sécurité au cas où.

EXERCICES SANS MATÉRIEL DÉBUTANT

1

1

Allongé sur le ventre, avec un appui au niveau du bassin et un léger appui sur les pieds. Redressez le haut du corps avec un seul bras tendu, main ouverte au sol. Et l'autre bras plié au niveau de l'épaule afin d'équilibrer et pour augmenter le travail du gainage. Restez en position pour chaque bras entre 10 et 20 secondes par séries de 3 ou 4.

2

2

Même position de départ. Cette fois-ci l'autre bras est tendu vers l'avant façon « Superman », pour créer un levier avec plus de contrainte et augmenter le travail du gainage. Restez en position pour chaque bras entre 10 et 15 secondes par séries de 3 ou 4.

3

En position de gainage sur les genoux, en appui sur les coudes. Ce gainage est un travail intermédiaire pour les gens qui manquent de force et sont fragiles du dos. Veillez à bien garder le corps dans l'axe, épaules et genoux bien droits. Évitez de monter les fesses trop haut. Restez entre 20 et 30 secondes par séries de 3 ou 4.

3

4

Même position de gainage au départ. Levez un bras vers l'avant bien dans l'alignement du corps, en mode « Superman ». Maintenez la position pour chaque bras entre 5 et 10 secondes par séries de 3 ou 4.

4

5

5

Gainage latéral en appui sur genoux joints, sur le coude. Restez bien dans l'axe du corps, le bassin légèrement en avant. Maintenez cette position entre 15 et 30 secondes par séries de 3 ou 4.

6

6

Même position de départ avec le genou relevé. Restez de chaque côté entre 10 et 20 secondes par séries de 3 ou 4.

7

7

Gainage latéral en appui sur genoux joints, bras tendu main ouverte au sol. Restez bien dans l'axe. Maintenez la position entre 15 et 30 secondes par séries de 3 ou 4.

8

8

Même position que sur gainage latéral, en appui sur un genou avec le bras tendu, main ouverte au sol, genou et pied en l'air. Restez bien dans l'axe. Maintenez cette position entre 10 et 20 secondes par séries de 3 ou 4.

9

9

Debout, maintenez la position du coureur. Un genou levé, un appui au sol pointe de pied ou variante talon au sol. Équilibrez la position des bras toujours opposés aux jambes. Restez dans cette position de chaque côté entre 10 et 20 secondes par séries de 3 ou 4.

10

10

Debout, maintenez la position du bloqueur de « Middle Kick ». Un genou levé ouvert sur le côté et coude en léger contact, avec appui au sol pointe de pied ou variante talon au sol également. Les deux bras toujours en l'air façon hold-up. Restez dans cette position de chaque côté entre 10 et 20 secondes par séries de 3 ou 4.

11

11

Allongé, en position « Superman », relevez une jambe et le bras opposé, avec en simultané un appui jambe et un appui bras au sol pour gainer. Regardez par terre pour garder la tête bien placée et pour éviter des douleurs au cou. Maintenez cette position de chaque côté entre 10 et 20 secondes par séries de 3 ou 4.

12

Gainage « Spiderman ». Allongé au sol sur le ventre, avec bras et jambes ouverts en grand. Appuyez au sol avec les mains et les pieds, comme pour essayer de vous soulever. Restez ainsi entre 10 et 15 secondes en contraction par séries de 3 ou 4.

12

13

Position chute libre. Allongé sur le ventre, décollez les bras et les jambes grands ouverts. Gardez le regard au sol pour préserver votre cou. Maintenez la position entre 20 et 30 secondes par séries de 3 ou 4.

13

14

Allongé sur le dos, pieds au sol, jambes fléchies. Relevez le bassin le plus haut possible, les bras allongés au sol en appui sur les épaules, tête posée, pieds à plat.

14

Maintenez entre 10 et 30 secondes par séries de 3 ou 4.

15

Allongé sur le dos, prenez appui sur les mains, bras tendus et sur les pieds à plat, tout en gardant le bassin haut dans l'alignement des épaules et des genoux. Maintenez entre 10 et 30 secondes par séries de 3 ou 4.

15

16 17

Allongé sur le dos, appui mains au sol, bras tendus. Relevez le bassin haut dans l'axe, le corps tendu, jambes jointes, pieds serrés. Soit pointes de pied vers le haut, soit pointes de pied vers l'avant. Maintenez la position entre 10 et 20 secondes par séries de 3 ou 4.

16

17

18 19

Position de l'ours. Gainage en position ventrale. En appui sur les mains et les pieds, tout en restant bien groupé, les bras légèrement fléchis. Vous pouvez soit maintenir la position sans jamais poser les genoux au sol, entre 10 et 20 secondes, soit vous déplacer en avant ou en arrière sans jamais poser les genoux au sol.

18

19

EXERCICES SANS MATÉRIEL CONFIRMÉ

1

2

1 2
En position de pompes. Jambes écartées, en appui sur les mains écartées, bras tendus. Contractez fort les abdominaux pendant 30 secondes par séries de 5 à 8 avec 30 secondes de récupération. N'oubliez pas de bien respirer.

3

4

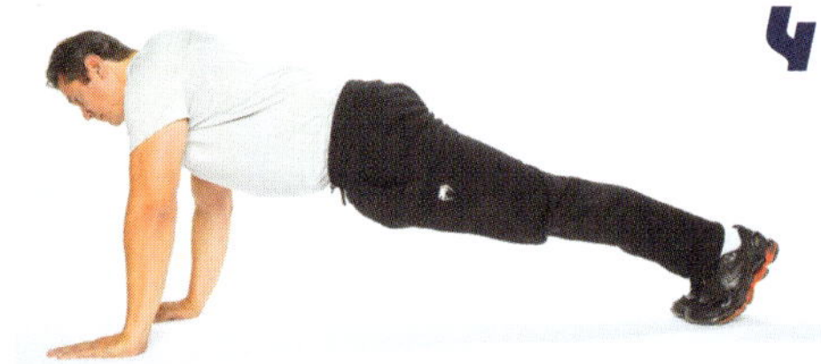

3 4
En position de pompes. Jambes serrées, en appui sur les mains écartées, bras tendus. Contractez fort les abdominaux pendant 30 secondes par séries de 5 à 8, avec 30 secondes de récupération.

5

5
Sur les coudes avec les jambes écartées. Contractez fort les abdominaux pendant 30 secondes par séries de 5 à 8 avec 30 secondes de récupération.

6

7

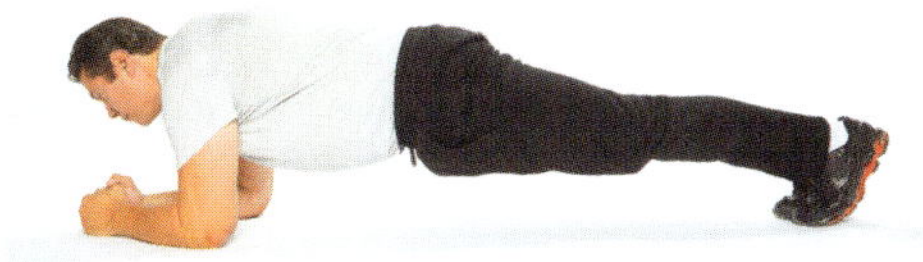

6 7

Sur les coudes avec les jambes serrées. Contractez fort les abdominaux pendant 30 secondes par séries de 5 à 8 avec 30 secondes de récupération.

8

9

8 9

Gainage dynamique. En position de pompes, appui sur les mains, bras tendus. En mouvement dynamique tout en gardant le bassin immobile et face au sol, ouvrez et fermez les jambes en rythme soutenu. Entre 20 et 50 répétitions par séries de 5 à 8 avec 20 secondes de récupération.

10 11

Gainage dynamique. Sur les coudes, ouvrez et fermez les jambes en rythme soutenu. Entre 20 et 50 répétitions par séries de 5 à 8 avec 20 secondes de récupération.

10

11

12

En position de gainage latéral, en appui sur un coude, le corps gainé, les fesses décollées, en appui sur les deux pieds serrés. Maintenez la position de chaque côté entre 15 et 30 secondes par séries de 5 à 8, avec 30 secondes de récupération maximum.

12

13

13

Dans la même position, en appui sur un coude, levez une jambe en l'air avec un seul pied en appui au sol. Gardez bien le corps sur un seul axe. Maintenez cette position de chaque côté entre 15 et 30 secondes par séries de 5 à 8, avec 30 secondes de récupération.

14

14

En position de gainage latéral, la main en appui au sol, bras tendu, le corps gainé, les deux jambes jointes, les fesses décollées, en appui sur les deux pieds serrés. Maintenez cette position de chaque côté entre 15 et 30 secondes par séries de 5 à 8, avec 30 secondes de récupération.

15

Dans la même position. Appui bras tendu, levez une jambe en l'air avec un seul pied en appui au sol. Gardez bien le corps sur un seul axe. Maintenez cette position de chaque côté entre 15 et 30 secondes par séries de 5 à 8, avec 30 secondes de récupération.

15

16

Allongé sur le dos, pieds au sol, jambes fléchies. Relevez le bassin le plus haut possible, les bras vers le ciel en appui sur les épaules, tête posée au sol, en appui sur les talons, orteils vers le ciel. Maintenez cette position entre 20 et 30 secondes par séries de 5 à 8.

16

17

17

Dans la même position, bras allongés au sol, appui sur les épaules, tête posée. Levez une jambe tendue dans l'alignement du corps, pied au sol en appui sur le talon, orteils vers le ciel. Maintenez cette position de chaque côté entre 10 et 15 secondes par séries de 5 à 8.

18

18

Dans la même position, bras tendus vers le ciel, appui épaules au sol, tête posée. Levez une jambe tendue dans l'alignement du corps, pied droit en appui sur les talons, orteils vers le ciel. Maintenez cette position de chaque côté entre 10 et 15 secondes par séries de 5 à 8.

19

20

19 20

Allongé sur le dos, appui sur les coudes. Relevez le bassin haut dans l'axe, le corps tendu jambes jointes, pieds serrés, soit pointes de pied vers le haut, soit pointes de pied vers l'avant. Maintenez la position entre 10 et 20 secondes par séries de 5 à 8.

21

22

21 22

En position de « Mountain Climber ». Maintenez la position genou bien droit en avant. Restez entre 20 et 30 secondes de chaque côté par séries de 4 à 8.

23

24

23 24

Même position de départ. Maintenez la position genou en avant, côté collé au coude. Restez entre 20 et 30 secondes de chaque côté par séries de 4 à 8.

25

Allongé sur le dos. Prenez appui sur les mains, bras tendus et sur un pied à plat, tout en gardant le bassin haut dans l'alignement des épaules et du genou, avec une jambe relevée et pliée avec le pied droit. Maintenez entre 10 et 20 secondes par séries de 4 à 8.

25

26

Allongé sur le ventre, posture « Superman » avec simultanément en l'air un bras tendu et la jambe opposée tendue, avec un appui genou et un appui main au sol bras tendu. Regardez par terre pour garder la tête bien placée. Maintenez cette position de chaque côté entre 20 et 40 secondes par séries de 4 à 8.

26

27

27
Gainage « Spiderman ». Allongé sur le ventre avec les bras et les jambes ouverts en grand. Décollez le corps en appuyant sur le sol avec les mains et les pieds. Restez entre 15 et 30 secondes en contraction par séries de 4 à 8.

28

29

30

28 29 30
En position de pompes, départ avec les mains et les jambes écartées, le corps bien en planche. En mouvement dynamique, ouvrez et fermez les bras et les jambes simultanément. Votre objectif : garder le bassin toujours face au sol et le corps aligné. Entre 10 et 30 répétitions par séries de 5 à 8.

31

32

31 32
En position de pompes, jambes écartées, variante possible jambes serrées. De manière tonique et explosive, ouvrez et fermez les mains en appui au sol en gardant les bras bien tendus. Il faut que tout le corps reste immobile au moment du déplacement des mains. Entre 10 et 20 mouvements par séries de 5 à 8.

33

34

35

36

33 34 35 36

Même position, jambes écartées, variante jambes serrées. De manière tonique et explosive, ouvrez et fermez les mains en appui au sol en gardant les bras bien tendus, une main se déplace en avant, une main en arrière, puis inversez. Il faut également que tout le corps reste immobile au moment du déplacement des mains. Entre 10 et 20 mouvements par séries de 5 à 8.

EXERCICES AVEC MATÉRIEL

1

Assis sur le Swiss Ball, le dos bien droit, l'objectif est de maintenir la position avec une jambe en l'air sans perdre l'équilibre. Entre 5 et 10 secondes pour les débutants par séries de 3 ou 4. Pour les confirmés, entre 10 et 20 secondes par séries de 4 à 8.

1

2

Sur le Swiss Ball, maintenez la position sur les coudes avec les jambes jointes et les pieds serrés, ce qui augmente la difficulté. Plus vos abdominaux sont contractés, plus vous gardez l'équilibre et plus le travail est efficace. Le corps doit être bien aligné. Entre 5 et 10 secondes pour les débutants par séries de 3 ou 4. Pour les confirmés, entre 20 et 30 secondes par séries de 4 à 8.

2

3

En appui coudes sur le Swiss Ball, restez gainé, les jambes écartées. Pour rester en équilibre, il faut bien gainer les abdominaux. Entre 5 et 10 secondes pour les débutants par séries de 3 ou 4. Pour les confirmés, entre 30 et 40 secondes par séries de 4 à 8.

3

4 5

En position coudes sur le Swiss Ball jambes jointes et pieds serrés, tout en gardant l'équilibre, alternez l'élévation des jambes droite et gauche. Très important lorsque la jambe se lève, vous devez garder le bassin bien droit face au sol. Vous musclez également les fessiers, les ischio-jambiers et les mollets en exerçant une belle contraction au moment de la montée et de la descente, ce qui vous permet un contrôle parfait de votre mouvement. Vous pouvez faire le même mouvement avec les jambes écartées. Pour les confirmés, entre 10 et 20 secondes par séries de 4 à 8.

4

5

6

7

6 7

Sur le Swiss Ball, exécutez des « Mountain Climber ». Alternez chaque jambe en rythme sans perdre l'équilibre. Entre 10 et 30 répétitions par séries de 4 à 8.

8 9

En position de gainage coudes sur le Swiss Ball, faites des « Mountain Climber » genoux ouverts vers l'extérieur en direction des coudes tout en maintenant votre stabilité. Vous devez essayer de rester le plus droit possible. Entre 10 et 30 répétitions par séries de 4 à 8.

8

9

10

En position de gainage pieds joints, jambes serrées les pieds posés sur le Swiss Ball. Exercice très difficile au début. Mon conseil, commencez pieds nus. Il vous faudra une grosse contraction abdominale pour maintenir la posture au début. Entre 10 et 30 secondes de travail par séries de 5 à 8.

10

11 12

En position de gainage, les pieds sur le Swiss Ball, jambes serrées, mains au sol, bras tendus, levez en alternant jambe droite et gauche vers le ciel. Contraction des fessiers, ischio-jambiers et mollets pour favoriser le contrôle de la position. Évidemment, plus vous contractez vos abdominaux, plus vous gainez et plus vos muscles profonds seront puissants. Entre 10 et 20 répétitions par séries de 4 à 8.

11

12

13

Assis, le dos bien droit, genoux écartés, les deux jambes regroupées, les deux pieds décollés du sol en contact avec le Swiss Ball, gardez l'équilibre sans tomber. Entre 10 et 30 secondes de travail par séries de 4 à 8.

13

14 15

Emprisonnez le Swiss Ball entre vos bras, votre ventre et vos genoux. Enserrez de toutes vos forces le Swiss Ball avec votre corps comme si vous vouliez le faire exploser. Temps de travail : entre 10 et 20 secondes.

14

15

16

17

16 17

Allongé sur le dos, enserrez le Swiss Ball de toutes vos forces, en appui dissocié avant-bras droit et genou gauche. L'idée est d'emprisonner le Swiss Ball entre le bras et la jambe opposée de toutes vos forces puis de changer de côté. Travail entre 5 et 15 secondes par séries de 4 à 8.

18 19

Allongé sur le dos, enserrez le Swiss Ball de toutes vos forces en appui groupé. Les deux avant-bras et les deux genoux, pieds en l'air, viennent ensemble emprisonner le Swiss Ball et l'écraser.

18

19

20

En position de gainage, omoplates sur le Swiss Ball, bassin gainé vers le ciel, appui sur les pieds jambes fléchies. Gros travail des fessiers et des lombaires. Entre 20 et 40 secondes de travail par séries de 4 à 8.

20

21

21

En position de planche, dos au Swiss Ball, jambes écartées, maintenez une posture puissante et solide. Contraction des fessiers, des ischio-jambiers et des mollets en plus des abdominaux et des lombaires. Entre 10 et 20 secondes par séries de 4 à 8.

22

23

22 23

Jambes fléchies et pieds à plat sur le Swiss Ball. Le dos au sol et les bras allongés par terre pour vous stabiliser. Levez le bassin le plus haut possible et tenez la position. Entre 10 et 30 secondes par séries de 4 à 8.

24 25

Jambes fléchies et pieds à plat sur le Swiss Ball. Le dos au sol et bras en direction du ciel. Levez le bassin le plus haut possible et tenez la position. Entre 10 et 30 secondes par séries de 4 à 8.

24

25

26

En position de planche, corps tendu, jambes et pieds serrés, dos au sol, appui talons sur le Swiss Ball et bras allongés au sol. Contractez fort les fessiers, les ischio-jambiers et les mollets. Restez en contraction entre 10 et 30 secondes par séries de 4 à 8.

26

27

27

En position de planche, corps tendu, jambes et pieds serrés, dos au sol, appui talons sur le Swiss Ball, levez les deux bras vers le ciel. Contractez fort les fessiers, les ischio-jambiers et mollets. Restez en contraction entre 10 et 30 secondes par séries de 4 à 8.

28

28

En position de pompes, jambes serrées, pieds joints et bras tendus, en appui mains sur le Swiss Ball. Tenez entre 10 et 30 secondes par séries de 4 à 8.

29

29

En position de pompes, jambes écartées, pieds écartés et bras tendus, en appui mains sur le Swiss Ball. Tenez entre 20 et 30 secondes par séries de 4 à 8.

30

En position de pompes « Mountain Climber » avec bras tendus, en appui mains sur le Swiss Ball. Tenez entre 10 et 20 répétitions par séries de 4 à 8.

30

31 32

En position de pompes, jambes écartées et pieds écartés, les bras tendus, en appui mains sur le Swiss Ball. Levez

31

32

alternativement les jambes. Contraction des fessiers, ischio-jambiers et mollets. Posez les pieds doucement au sol, signe de maîtrise et de contrôle. Évitez de taper fort les pieds par terre. Effectuez entre 10 et 20 répétitions par séries de 4 à 8.

33 34

En position de pompes, jambes écartées, pieds écartés et bras tendus, en appui mains sur le Swiss Ball, faites des pompes. Entre 10 et 30 répétitions par séries de 4 à 8.

33

34

CIRCUITS TRAINING DE 30 MINUTES

Le circuit training permet de travailler l'endurance et la résistance pour avoir une meilleure condition physique, grâce à la succession de différents exercices. Je crois que c'est ce qui m'a permis d'être toujours compétitif et prêt rapidement. C'est pour moi le meilleur exercice pour développer sa condition physique.

Je pense avoir eu beaucoup de chance dans ma carrière, car j'ai pu bénéficier de l'expérience de mon père. Et quelle expérience ! Facultés hors-norme, puissant, rapide, explosif, endurant, technique. Un champion avec des qualités exceptionnelles. Il faut savoir aussi que d'un point de vue historique, une grande partie des sports a été inventée en Angleterre. Et mon père, ayant grandi comme sujet britannique de 3 à 20 ans, a pu bénéficier d'une scolarité de qualité dans un pays qui aime le sport et qui met les moyens pour cela, avec plus de 15 heures de sport par semaine à l'école.

C'est ainsi que mon père a fait de l'athlétisme, du rugby, de la boxe, de la gymnastique, du cricket, et a forcément développé des aptitudes à tous les niveaux. Précurseur dans son domaine, il a clairement inventé le circuit training pour les judokas.

Il faut savoir que dans les années 1960-1970, faire du sport pour mon grand-père italien qui était paysan, ça ne voulait rien dire. Mon père devait se cacher pour aller faire du sport. Vous imaginez ? Lui qui est devenu quatre fois médaillé olympique ? C'est vraiment grâce aux jeux Olympiques et à la médiatisation que le sport est devenu une pratique reconnue et respectée.

La génération de mon père a expérimenté et appris sur le tard pour performer. Ce que je trouve fantastique. Quand je vois le niveau que mon père avait et les performances qu'il réalisait à son meilleur niveau !

Encore aujourd'hui, beaucoup n'y sont pas arrivés. Et tout ça, naturellement, sans dopage je précise.

Mon père s'est dit un jour : « Pourquoi ne pas enchaîner plusieurs exercices qui me permettraient d'être meilleur dans les mouvements de judo ? » Et c'est comme ça qu'il a créé ces circuits training pour développer sa force, son endurance en aérobie, son endurance musculaire, pour faire travailler le cœur plus vite et réaliser des efforts intenses plus longtemps.

Bien évidemment, quand j'ai commencé la compétition de haut niveau, il m'a montré comment faire. Et à chaque fois que je faisais ce qu'il me disait, je passais un cap physiquement, c'était spectaculaire.

EXERCICES

Les exercices présentés entre les pages 90 et 111 vous seront nécessaires pour les circuits training. Mémorisez-les bien.

EX 1 : ABDOS, RELEVÉ DE BUSTE

EX 3 : BURPEES POMPES

EX 2 : ABDOS SUR LE DOS AVEC ROTATION DU BUSTE EN COUPS DE POING ALTERNÉS

2

4

EX 4 : COUP DE POINGS ET MONTÉE DE GENOUX ALTERNÉS

5

EX 5 : CRUNCH CLASSIQUE

6

EX 6 : DEMI-SQUAT

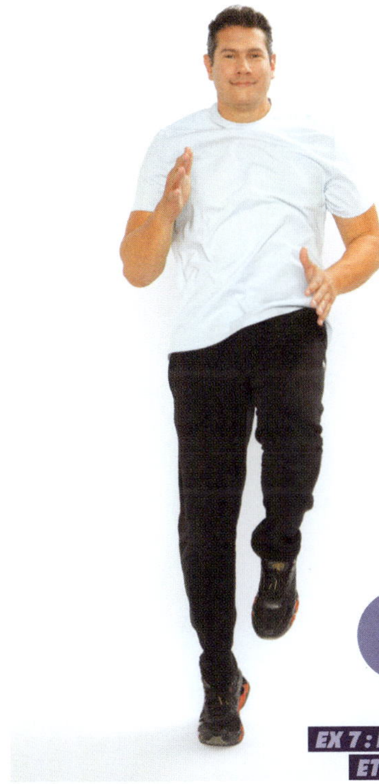

7

EX 7 : FOOTING ET COURSE

8

EX 8 : FRONT KICK

EX 9 : GAINAGE À GENOUX, MAINS ÉCARTÉES

9

10

EX 10 : GAINAGE, COUPS DE POING ALTERNÉS

11

EX 11 : GAINAGE EN POSITION DE POMPES, MAINS ÉCARTÉES ET PIEDS JOINTS

EX 12 : GAINAGE LATÉRAL, JAMBE EN L'AIR, DE CHAQUE CÔTÉ

12

EX 14 : JUMPING JACK

14

15

EX 15 : JUMPING JACK, GENOU ET COUDE ALTERNÉS

13

EX 13 : GAINAGE SUR LES COUDES

EX 16 : JUMP SQUAT

16

EX 17 : MOUTAIN CLIMBER

17

18

EX 18 : ABDOMINAUX EN TRAVAIL DES OBLIQUES AVEC COUDES À L'APPUI

EX 19 : POMPES, BRAS TENDUS, JAMBES OUVERTES ET FERMÉES

19

EX 20 : POMPES, OUVRIR ET FERMER EN DYNAMIQUE BRAS ET JAMBES SIMULTANÉMENT AU SOL

20

21

EX 21 : POMPES À GENOUX, MAINS ÉCARTÉES

EX 22 : POMPES À GENOUX, MAINS SERRÉES

22

EX 23 : POMPES CLAQUÉES

23

EX 25 : SAUT EN DEMI-SQUAT

24

EX 24 : POMPES JAMBES SERRÉES, MAINS ÉCARTÉES

25

26

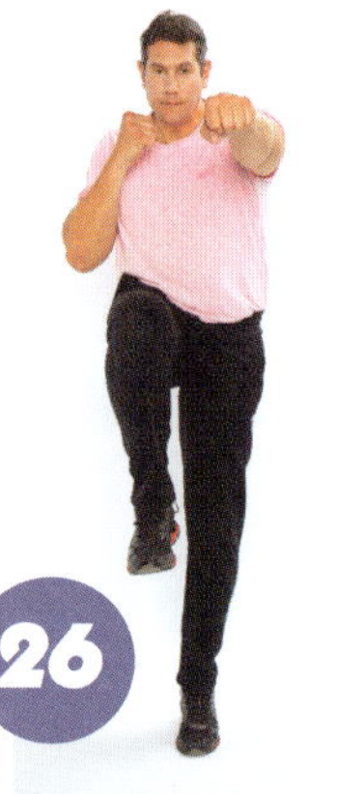

EX 26 : SHADOW BOXING

27

EX 27 : SQUAT AVEC COUP DE PIED FRONT KICK DE CHAQUE JAMBE

29

EX 29 : ABDOS RUSSIAN TWIST, ASSIS FESSES AU SOL, PIEDS DÉCOLLÉS AVEC 1 GROSSE BOUTEILLE

EX 31 : BOXING CRUNCH AVEC 1 BOUTEILLE DANS CHAQUE MAIN

31

28

EX 28 : SQUAT COMPLET

30

EX 30 : BATTLE ROPE AVEC 1 BOUTEILLE DANS CHAQUE MAIN

32

EX 32 : BURPEES AVEC LE BOSU

EX 34 :
DEMI-FENTE
AVANT AVEC
1 BOUTEILLE
DANS
CHAQUE
MAIN

34

EX 33 : CRUNCH

33

35

EX 35 : FLEXIONS AVEC ROTATION DU BUSTE DE CHAQUE CÔTÉ EN LEVANT LES BRAS ALTERNATIVEMENT AVEC 1 BOUTEILLE

36

37

EX 36 : GAINAGE, AVEC LES COUDES SUR LE SWISS BALL, ÉLÉVATION ALTERNÉE DES JAMBES

EX 37 : GAINAGE AVEC LES COUDES SUR LE SWISS BALL, JAMBES ÉCARTÉES

38

EX 38 : GAINAGE, AVEC LES COUDES SUR LE SWISS BALL, PIEDS JOINTS

39

EX 39 : GAINAGE DEBOUT EN ESSUIE-GLACE AVEC 1 BOUTEILLE DANS CHAQUE MAIN

EX 40 : GAINAGE, DOS AU SOL, PIEDS SUR LE SWISS BALL, JAMBES PLIÉES, BASSIN EN L'AIR

40

41

EX 41 : GAINAGE SUR LES MAINS, BRAS TENDUS SUR LE SWISS BALL, PIEDS JOINTS, POSITION DE POMPES

EX 42 : JUMP SQUAT, FENTES ALTERNÉES

42

EX 43 : LEVÉS DE JAMBE ALTERNÉS, AVEC LES COUDES SUR LE SWISS BALL

43

44

EX 44 : MOUTAIN CLIMBER SUR LE SWISS BALL

EX 46 : POMPES, JAMBES ÉCARTÉES, LES MAINS SUR LE SWISS BALL

46

45

EX 45 : PLANCHE EN POSITION DORSALE SUR LE SWISS BALL

EX 47 : POSITION ASSISE SUR LE SWISS BALL, PIEDS AU SOL, BRAS TENDUS DEVANT AVEC 1 BOUTEILLE DANS CHAQUE MAIN

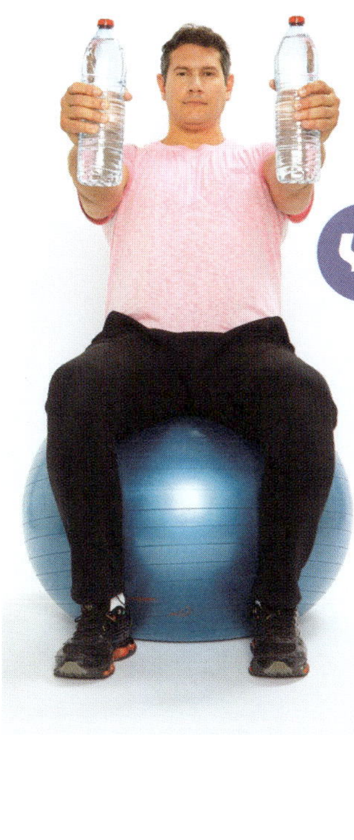

47

48

EX 48 : POSITION ASSISE SUR LE SWISS BALL, PIEDS AU SOL, BRAS TENDUS SUR LES CÔTÉS AVEC 1 BOUTEILLE DANS CHAQUE MAIN

EX 49 :
POSITION ASSISE SUR LE SWISS BALL, UNE JAMBE EN L'AIR

49

50

EX 50 :
POSITION DORSALE, DOS EN APPUI SUR LE SWISS BALL, JAMBES PLIÉES PIEDS AU SOL, BASSIN EN L'AIR, BRAS TENDUS VERS LE CIEL AVEC 1 BOUTEILLE DANS CHAQUE MAIN

52

EX 52 : SIT UP, BRAS TENDUS AVEC 1 BOUTEILLE DANS LES MAINS

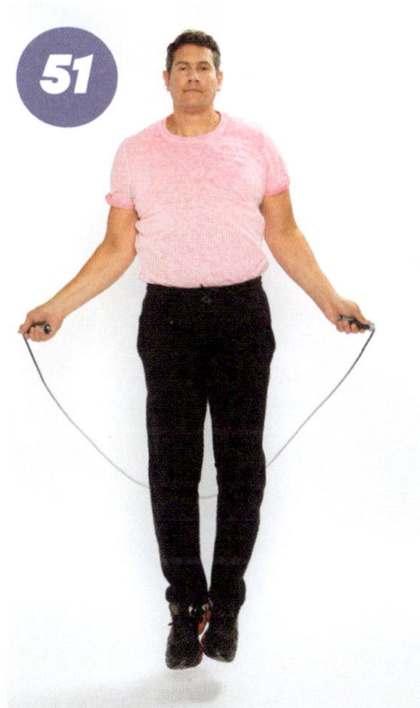

EX 51 :
SAUT
À LA CORDE

EX 54 : GENOUX
LEVÉS
ALTERNATIVEMENT,
LES BRAS TENDUS D
E FACE AVEC
UNE BOUTEILLE
DE 1,5 L DANS
CHAQUE MAIN

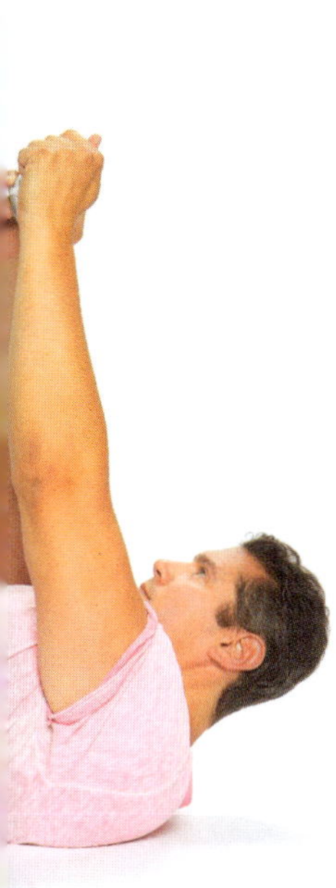

EX 53 : SQUAT COMPLET SUR LE BOSU

CIRCUITS

Les exercices figurant dans les circuits sont présentés pages 90 à 111.

CIRCUITS COURSE À PIED SANS MATÉRIEL (DÉBUTANT)

« ZÉRO MOTIVATION » MAIS ACTIF

› 30 minutes de marche

« MOTIVATION IS COMING »

› 5 minutes de marche
› 10 demi-squats **(ex 6)**
› 1 minute 30 de footing **(ex 7)**
› 4 minutes de marche
› 2 minutes de footing **(ex 7)**
› 10 demi-squats **(ex 6)**
› 1 minute 30 de footing **(ex 7)**
› 3 minutes de marche
› 10 demi-squats **(ex 6)**
› 2 minutes de course **(ex 7)**
› 4 minutes de marche
› 10 demi-squats **(ex 6)**
› 1 minute 30 de course **(ex 7)**
› 5 minutes de marche

« JE NE LÂCHERAI PAS »

› 5 minutes de marche
› 2 minutes de footing **(ex 7)**
› 2 minutes de marche
› 10 « Jumping Jack » **(ex 14)**
› 10 « Mountain Climber » **(ex 17)**
› 2 minutes de marche
› 3 minutes de footing **(ex 7)**
› 2 minutes de marche
› 10 « Jumping Jack » **(ex 14)**
› 10 « Mountain Climber » **(ex 17)**
› 2 minutes de marche
› 3 minutes de footing **(ex 7)**
› 2 minutes de marche
› 3 minutes de footing **(ex 7)**
› 3 minutes de marche

« PUISSANCE - ENDURANCE »

(3 séries d'affilée sans pause)

› 4 minutes de marche
› 4 minutes de course **(ex 7)**
› 5 x 15 secondes de sauts en demi-squat sur une ou deux marches avec 10 secondes de récupération **(ex 6)**

« PUISSANCE - ENDURANCE 2.0 »

› 5 minutes de course **(ex 7)**
› 3 minutes de marche
› 5 minutes de course **(ex 7)**
› 6 x 10 secondes de « Jump Squat » avec 20 secondes de récupération entre chaque **(ex 16)**
› 4 minutes de marche
› 6 x 5 secondes de « Jump Squat » avec 10 secondes de récupération **(ex 16)**
› 4 minutes de course **(ex 7)**
› 5 minutes de marche

« COURSE TEST »

› 2 minutes de footing **(ex 7)**
› 3 minutes de marche
› 10 minutes de footing **(ex 7)**
› 2 minutes de marche
› 10 minutes de footing
› 3 minutes de marche

« ON Y EST PRESQUE »

› 15 minutes de footing **(ex 7)**
› 3 minutes de marche
› 12 minutes de footing **(ex 7)**

« TU VAS Y ARRIVER »

› 20 minutes de footing *(ex 7)*

› 3 minutes de marche

› 7 minutes de course *(ex 7)*

« ÇA Y EST, TU Y ES »

› 30 minutes de footing *(ex 7)*

« TRAINING VITESSE »

(Le genre d'exercices qu'affectionne notre champion Ladji Doucouré)

› 12 minutes de footing *(ex 7)*

› 2 minutes de marche

› 10 x 20 mètres à 70 % de sa vitesse, avec 20 secondes de récupération max sur le retour en marchant *(ex 7)*

› 5 minutes de marche

› 10 x 10 mètres à 100 % de sa vitesse, avec 20 secondes de récupération max sur le retour en marchant *(ex 7)*

« TRAINING INTENSE ESCALIERS »

› 5 minutes de footing, relâchez *(ex 7)*

› 20 x 30 secondes de montée d'escalier en marchant avec récupération sur le retour en marchant

› 5 minutes de marche

› Récupération

CIRCUITS COURSE À PIED SANS MATÉRIEL (CONFIRMÉ)

« PUISSANCE DYNAMIQUE »

(Objectif : ajouter des exercices de renforcement musculaire pour fatiguer vos muscles et changer de routine)

› 15 minutes de course *(ex 7)*

› 10 sauts en demi-squat sur une ou deux marches en 20 secondes, avec 10 secondes de récupération *(ex 25)*

› 10 minutes de course *(ex 7)*

« FRACTIONNÉS - RÉSISTANCE »

(Alternez course rapide et course relâchée)

› 12 minutes de footing échauffement

› 200 m de course à un rythme correct 60 % *(ex 7)*

› 2 minutes de footing récupération

› 200 m soutenu 70 % *(ex 7)*

› 1 minute de footing *(ex 7)*

› 200 m de course, rythme soutenu 80 % *(ex 7)*

› 5 minutes de footing *(ex 7)*

« PUISSANCE - ENDURANCE » EXPLOSIF

(Une récupération active dans la course à pied. À vous de gérer votre rythme dans la course)

- 12 minutes de footing ***(ex 7)***
- 10 secondes de « Jump Squat » (flexion-extension) ***(ex 16)***
- 3 minutes de course ***(ex 7)***
- 20 secondes de « Jump Squat » ***(ex 16)***
- 3 minutes de course ***(ex 7)***
- 30 secondes de « Jump Squat » ***(ex 16)***
- 3 minutes de course ***(ex 7)***
- 20 secondes de « Jump Squat » ***(ex 16)***
- 3 minutes de course ***(ex 7)***
- 10 secondes de « Jump Squat » ***(ex 16)***
- 5 minutes de footing ***(ex 7)***

« CARDIO »

(L'idée est de se challenger)

- 10 minutes de footing à rythme normal ***(ex 7)***
- 20 « Jumping Jack » ***(ex 14)***
- 10 « Burpees » pompes ***(ex 3)***
- 5 « Jump Squat » ***(ex 16)***
- 5 minutes de footing à rythme soutenu
- 30 « Jumping Jack » ***(ex 14)***
- 14 « Burpees » pompes ***(ex 3)***
- 5 « Jump Squat » ***(ex 16)***
- 5 minutes de course à rythme soutenu 80 % ***(ex 7)***
- 40 « Jumping Jack » ***(ex 14)***
- 10 « Burpees » pompes ***(ex 3)***
- 5 « Jump Squat » ***(ex 16)***

5 minutes de footing relâché ***(ex 7)***

- 200 m de course à 70 % ***(ex 7)***
- 2 minutes de footing ***(ex 7)***
- 200 m de course à 70 % ***(ex 7)***
- 3 minutes de footing avec récupération active ***(ex 7)***

« TRAINING VITESSE »

- 12 minutes de footing ***(ex 7)***
- 1 minute de marche
- 10 x 20 m de course à 70 %, avec récupération sur le retour en trottinant ***(ex 7)***
- 3 minutes de footing ***(ex 7)***
- 2 minutes de marche
- 10 x 20 m de course à 100 %, récupération sur le retour en trottinant ***(ex 7)***
- 2 minutes de marche

« TRAINING INTENSE »

(Développe votre VO_2 max, l'exercice le plus difficile que j'ai pu faire dans ma carrière. Monter des escaliers en courant vite augmente votre rythme cardiaque et développe votre consommation maximale d'oxygène)

- 12 minutes de footing en échauffement ***(ex 7)***
- 2 minutes de récupération
- 30 secondes d'escaliers en montant rythme normal
- Récupération sur le retour
- 12 x 10 secondes d'escaliers en sprint à fond
- Récupération sur le retour

CIRCUITS COURSE À PIED AVEC MATÉRIEL (DÉBUTANT)

« ZÉRO MOTIVATION » MAIS ACTIF

› 30 minutes de marche avec un sac à dos contenant 2 bouteilles de 1,5 l

« MOTIVATION IS COMING » AVEC SAC À DOS ET 2 BOUTEILLES DE 1,5 L

› 5 minutes de marche
› 10 demi-squats *(ex 6)*
› 1 minute 30 de footing avec une bouteille dans chaque main *(ex 7)*
› 4 minutes de marche
› 2 minutes de footing *(ex 7)*
› 10 demi-squats *(ex 6)*
› 1 minute 30 de footing *(ex 7)*
› 3 minutes de marche
› 10 demi-squats *(ex 6)*
› 2 minutes de course *(ex 7)*
› 4 minutes de marche
› 10 demi-squats *(ex 6)*
› 1 minute 30 de course *(ex 7)*
› 5 minutes de marche

« ENDURANCE - PRÉCISION » AVEC ÉCHELLE DE VITESSE

(Exercice préféré de Nikola Karabatic. Si vous n'avez pas d'échelle de vitesse, prenez une craie et dessinez sur le sol un trait tous les pas, 20 fois. Avec sac à dos ou pas)

› 5 minutes de footing *(ex 7)*
› 2 minutes de marche
› 10 secondes allers-retours pieds alternés, échelle de vitesse avec 20 secondes de récupération active en marchant
› 10 secondes allers-retours pieds joints, échelle de vitesse, avec 20 secondes de récupération active en marchant
› 10 secondes allers-retours pieds joints puis ouverts (comme à la marelle) sur échelle de vitesse

› 2 minutes de marche
› 4 minutes de footing *(ex 7)*
› 2 minutes de marche
› 10 secondes allers-retours pieds alternés, échelle de vitesse avec 20 secondes de récupération active en marchant
› 10 secondes allers-retours pieds joints, échelle de vitesse avec 20 secondes de récupération active en marchant
› 10 secondes allers-retours pieds joints ouverts (comme à la marelle) sur échelle de vitesse
› 2 minutes de marche
› 3 minutes de footing *(ex 7)*
› 10 secondes allers-retours pieds alternés, échelle de vitesse avec 20 secondes de récupération active en marchant
› 10 secondes allers-retours pieds joints, échelle de vitesse avec 20 secondes de récupération active en marchant
› 10 secondes allers-retours pieds joints puis ouverts (comme à la marelle) sur échelle de vitesse
› 2 minutes de marche
› 3 minutes de footing *(ex 7)*
› 2 minutes de marche

« TRAINING INTENSE ESCALIER » AVEC SAC À DOS OU GILET LESTÉ

› 5 minutes de footing relâché ***(ex 7)***
› 20 X 20 secondes de montée d'escaliers en marchant, avec sac à dos ou gilet lesté de 10 kg avec récupération sur le retour en marchant
› 5 minutes de marche avec récupération sans sac, sans gilet

CIRCUITS COURSE À PIED AVEC MATÉRIEL (CONFIRMÉ)

Course à pied avec 4 bouteilles d'eau de 1,5 l dans un sac à dos, course avec charge
30 minutes de footing avec sac et bouteilles

« ENDURANCE - PRÉCISION » AVEC ÉCHELLE DE VITESSE

› 12 minutes de footing ***(ex 7)***
› 2 minutes de marche
› 30 secondes allers-retours pieds alternés
› 10 secondes de récupération
› 30 secondes allers-retours pieds joints
› 10 secondes de récupération
› 30 secondes allers-retours pieds joints puis ouverts alternativement (comme à la marelle)
› 10 secondes de récupération
› 4 minutes de footing ***(ex 7)***
› 2 minutes de marche

« PUISSANCE - ENDURANCE »

› 12 minutes de footing pour l'échauffement à un bon rythme ***(ex 7)***
› 6 x 400 m avec une bouteille d'eau de 1,5 l dans chaque main, ou un poids de 2 à 5 kg dans chaque main ***(ex 7)***
› Récupération 2 minutes entre chaque 400 m

« TRAINING INTENSE » AVEC SAC À DOS LESTÉ DE 10 KG OU POIDS DANS LES MAINS DE 2 À 5 KG

› 10 minutes de footing en échauffement ***(ex 7)***
› 2 minutes de récupération
› 30 secondes d'escaliers en montant rythme normal, récupération sur le retour
› 12 x 10 secondes d'escaliers en sprint à fond, récupération sur le retour

CIRCUITS TRAINING PPG SANS MATÉRIEL (DÉBUTANT)

« WARM UP »

› 5 minutes de footing ***(ex 7)***
(2 x 4 séries avec récupération de 1 minute 30 entre chaque série)
› 10 pompes à genoux, mains écartées ***(ex 21)***
› 20 secondes de gainage à genoux, même position ***(ex 9)***
› 10 pompes à genoux, mains serrées (ex 22)
› 10 demi-squats ***(ex 6)***
› 20 « Crunch » classiques ***(ex 5)***

« CARDIO PUISSANCE »

(10 séries avec 1 minute 30 de récupération entre chaque série)

› 1 minute de course *(ex 7)*
› 20 pompes à genoux, mains écartées *(ex 21)*
› 20 abdominaux, travail des obliques *(ex 18)*
› 10 secondes de gainage sur les coudes *(ex 13)*

« EASY CARDIO »

(4 séries avec 2 minutes 30 de récupération entre chaque série)

› 2 minutes de footing *(ex 7)*
› 30 secondes de « Jumping Jack » *(ex 14)*
› 30 secondes de gainage en position pompes, mains écartées, pieds joints *(ex 11)*
› 30 secondes de course sur place *(ex 7)*
› 10 squats complets *(ex 28)*
› 20 « Mountain Climber » *(ex 17)*
› 30 secondes de « Jumping Jack » *(ex 14)*

« CARDIO BOXING »

(4 séries avec 3 minutes de récupération entre chaque série)

› 1 minute de footing *(ex 7)*
› 20 secondes de « Shadow Boxing » (combat en pieds-poings avec un adversaire imaginaire, souple et relâché) *(ex 26)*
› 10 abdominaux sur le dos avec rotation du buste en coups de poing alternés *(ex 2)*
› 20 secondes de frappe dans le vide avec montée de genoux *(ex 4)*
› 10 « Front Kick » en demi-squats de chaque jambe *(ex 8)*
› 20 secondes de « Shadow Boxing » *(ex 26)*
› 1 minute de footing *(ex 7)*

« TRAINING GAINAGE DYNAMIQUE »

› Échauffement 4 minutes de footing et 1 minute de récupération *(ex 7)*

(5 séries avec récupération de 3 minutes entre chaque série)

› 20 « Jumping Jack » *(ex 14)*
› 20 "Jumping Jack, genoux et coudes alternés *(ex 15)*
› 20 « Mountain Climber » *(ex 17)*
› 20 pompes à genoux. Ouvrez et fermez les mains en dynamique *(ex 21 et ex 22)*
› 20 secondes de course sur place avec montée de genoux *(ex 4)*
› 20 abdos sur le dos avec rotation du buste en coups de poing alternés *(ex 2)*

CIRCUITS TRAINING PPG SANS MATÉRIEL (CONFIRMÉ)

« WARM UP »

› 5 minutes de footing *(ex 7)*

(8 séries avec récupération de 1 minute entre chaque série)

› 20 pompes jambes serrées mains écartées *(ex 24)*
› 30 secondes de gainage même position *(ex 11)*
› 10 pompes jambes serrées mains écartées *(ex 24)*
› 20 « Jump Squat » *(ex 16)*
› 20 abdos, relevé de buste *(ex 1)*

« CARDIO PUISSANCE »

(10 séries avec 1 minute 30 de récupération entre chaque série)

- 30 secondes de course à 80 %, soutenue *(ex 7)*
- 20 pompes claquées *(ex 23)*
- 30 secondes de gainage sur les coudes, pieds joints *(ex 13)*

« HARD CARDIO »

(6 séries avec 2 minutes de récupération entre chaque série)

- 1 minute de montées et descentes d'escaliers
- 20 « Jump Squat » *(ex 16)*
- 20 secondes de gainage latéral, jambe en l'air de chaque côté *(ex 12)*
- 10 secondes de course sur place, sprint 100 % *(ex 7)*
- 10 « Burpees » pompes *(ex 3)*
- 30 secondes de « Jumping Jack » *(ex 14)*

« CARDIO BOXING »

(8 séries avec 1 minute 30 de récupération entre chaque série)

- 30 secondes de course à 70 % coups de poing et montées de genou alternés *(ex 4)*
- 20 squats avec coups de pied « Front Kick » de chaque jambe *(ex 27)*
- 10 « Burpees » pompes *(ex 3)*
- 10 coups de poing alternés en position de gainage *(ex 10)*
- 10 squats avec coups de pied « Front Kick » de chaque jambe *(ex 27)*

« GAINAGE DYNAMIQUE »

(5 séries avec récupération de 3 minutes entre chaque série)

- 40 « Jumping Jack » *(ex 14)*
- 20 répétitions en position de pompes, bras et jambes fermés puis ouverts simultanément, tous les membres en dynamique *(ex 20)*
- 40 « Mountain Climber » *(ex 17)*
- 20 répétitions en position de pompes, bras tendus, ouvrir et fermer seulement les jambes, maintenir un gainage solide *(ex 19)*
- 20 répétitions en position de pompes, ouvrir et fermer en dynamique bras et jambes simultanément au sol *(ex 20)*

CIRCUITS TRAINING PPG AVEC MATÉRIEL (DÉBUTANT)

« CORDE À SAUTER »

(4 séries avec récupération de 2 minutes entre chaque série)

- 1 minute de corde à sauter *(ex 51)*
- 20 pompes à genoux mains écartées *(ex 21)*
- 1 minute de corde à sauter *(ex 51)*
- 20 « Boxing Crunch » *(ex 31)*
- 1 minute de corde à sauter *(ex 51)*

« GAINAGE SWISS BALL »

Échauffement de 5 minutes de cardio, soit 5 minutes de footing, de vélo, de rameur ou de corde à sauter.

(4 séries avec 3 minutes de récupération entre chaque série)

› 30 secondes assis sur le Swiss Ball, une jambe en l'air. Puis alternez ***(ex 49)***

› 30 secondes de planche en position dorsale, le dos sur le Swiss Ball ***(ex 45)***

› 30 secondes assis sur le Swiss Ball, pieds au sol avec une bouteille dans chaque main, bras tendus de face ***(ex 47)***

› 30 secondes assis sur le Swiss Ball, pieds au sol avec une bouteille dans chaque main, bras tendus et ouverts de côté ***(ex 48)***

› 30 secondes en position dorsale, dos en appui sur le Swiss Ball, jambes pliées, pieds au sol, bassin en l'air, bras tendus vers le ciel avec une bouteille dans chaque main ***(ex 50)***

« TRAINING HIIT »

Échauffement : 2 x 4 minutes de footing avec 2 bouteilles de 1,5 l dans le sac à dos, avec 2 minutes de récupération entre chaque série, avec un max de séries en 20 minutes

› Gainage en essuie-glace, les bras tendus au niveau des épaules, même côté. Faites 10 pas en avant, 10 pas en arrière, à chaque pas les deux bras partent d'un côté ou de l'autre ***(ex 39)***

› 20 « Mountain Climber » ***(ex 17)***

› 20 « Jumping Jack » ***(ex 14)***

› 10 demi-squats avec une bouteille dans chaque main. Au moment de la flexion, le bras est soulevé vers le ciel ***(ex 6)***

« TRAINING ENDURANCE »

(4 séries avec récupération de 2 minutes 30 entre chaque série)

› 2 minutes de corde à sauter ***(ex 51)***

› 20 secondes de montées de genoux, course sur place ***(ex 4)***

› 20 coups de poing en position demi-fente avec avec 1 bouteille de 50 cl dans les mains ***(ex 34)***

› 20 « Jumping Jack » avec 1 bouteille de 50 cl dans les mains ***(ex 14)***

› 10 flexions avec rotation du buste de chaque côté en levant les bras alternativement avec une bouteille de 1,5 l ***(ex 35)***

› 10 répétitions de « Russian Twist », assis fesses au sol, pieds décollés du sol. Avec la bouteille de 1,5 l, exécutez une rotation du buste de chaque côté ***(ex 29)***

› 1 minute de corde à sauter ***(ex 51)***

« TRAINING ABDOMINAUX TONIQUES » **(8 séries avec récupération de 2 minutes entre chaque série)**

› 10 « Crunch » bras tendus, jambes verticales avec 1 bouteille d'eau de 1,5 l dans les mains ***(ex 33)***

› 10 « Boxing Crunch » avec 1 bouteille d'eau de 50 cl dans les mains ***(ex 31)***

› 20 secondes de gainage avec les coudes sur le Swiss Ball, jambes écartées ***(ex 37)***

› 20 « Russian Twist » avec 1 bouteille de 1,5 l ***(ex 29)***

› 10 « Sit Up » bras tendus avec une 1 bouteille de 1,5 l dans les mains ***(ex 52)***

CIRCUITS TRAINING PPG AVEC MATÉRIEL (CONFIRMÉ)

« CORDE À SAUTER »

(5 séries sans récupération)

› 5 minutes de corde à sauter ***(ex 51)***

› 30 pompes sur le Swiss Ball ***(ex 46)***

› 30 « Mountain Climber » sur un Swiss Ball ***(ex 44)***

« GAINAGE »

(8 séries avec 1 minute 30 de récupération entre chaque série)

› 30 secondes de gainage, les coudes sur un Swiss Ball, pieds joints ***(ex 38)***

› 10 secondes de récupération

› 30 secondes de gainage sur les mains, bras tendus sur le Swiss Ball, pieds joints, position de pompes ***(ex 41)***

› 10 secondes de récupération

› 20 pompes, position avec les mains sur un Swiss Ball, jambes écartées ***(ex 46)***

› 10 secondes de récupération

› 30 secondes de gainage dos au sol, pieds sur un Swiss Ball, jambes pliées, bassin en l'air, bras tendus vers le ciel ***(ex 40)***

« TRAINING HIIT »

(Un maximum de séries en 30 minutes)

› 10 pompes claquées ***(ex 23)***

› 10 « Burpees » avec un Bosu ***(ex 32)***

› 1 minute de corde à sauter ***(ex 51)***

› 10 « Jump Squat » fentes alternées ***(ex 42)***

› 10 répétitions en position de gainage, coudes sur un Swiss Ball avec élévation alternée des jambes ***(ex 36)***

› 5 squats complets sur un Bosu avec les deux bras tendus de face et 1 bouteille de 1,5 l dans chaque main ***(ex 53)***

« TRAINING ENDURANCE »

(6 séries avec 2 minutes 30 de récupération entre chaque série)

› 30 secondes de montée de genoux, course sur place ***(ex 7)***

› 30 secondes de « Battle Rope » avec une bouteille d'eau dans chaque main à la place de la corde. 10 dissociées, 10 secondes mono, 10 dissociées en position squat ou demi-squat, le dos bien droit ***(ex 30)***

› 20 secondes de chaque côté les bras tendus de face avec un genou levé et 1 bouteille de 1,5 l dans chaque main ***(ex 54)***

› 20 flexions avec rotation du buste de chaque côté en levant les bras alternativement avec une bouteille de 1,5 l dans chaque main ***(ex 35)***

› 30 répétitions de « Russian Twist », assis fesses au sol, pieds décollés du sol. Avec la bouteille de 50 cl, exécutez une rotation du buste de chaque côté ***(ex 29)***

« TRAINING ABDOMINAUX TONIQUES »

(6 séries avec 2 minutes de récupération entre chaque série)

› 50 « Crunch » bras tendus, jambes verticales avec une bouteille d'eau de 1,5 l dans chaque main ***(ex 33)***

› 40 « Boxing Crunch » avec 1 bouteille d'eau de 1,5 l dans chaque main ***(ex 31)***

› 20 levers de jambe alternés, avec les coudes sur un Swiss Ball ***(ex 43)***

› 40 « Russian Twist » avec 1 une bouteille ***(ex 29)***

› 50 « Sit Up » bras tendus avec 1 bouteille de 1,5 l dans chaque main ***(ex 52)***

CONSIGNES POUR UN CIRCUIT TRAINING

Vous pouvez déjà prendre exemple sur tout ce que je vous ai indiqué dans ce livre, choisir de les rendre plus faciles ou plus difficiles. Ensuite, c'est très important de comprendre que dans ce circuit, il faut le juste dosage de plusieurs éléments.

Moi, j'aime beaucoup associer le cardio au renforcement musculaire explosif. Ce qui est génial avec le circuit training, c'est que vous pouvez faire ce que vous voulez. Un circuit uniquement cardio, ou seulement de renforcement musculaire, un circuit de coordination, ou dynamique, ou bien un circuit d'un peu tout. Vous pouvez faire vraiment ce que vous voulez dès lors que vous avez déterminé le temps de travail et le nombre de répétitions.

Voici les consignes pour la réalisation de votre circuit training :

- Choix du thème du circuit
- Choix des exercices et des mouvements
- Choix du nombre de répétitions par exercice
- Choix du nombre de séries
- Choix des temps de récupération

Mon conseil, si vous êtes débutant, le mieux est de faire un circuit de 2 à 3 minutes pas plus avec 3 minutes de récupération.

Pour les confirmés, entre 3 et 5 minutes de travail et entre 3 et 5 minutes de récupération, suivant les thèmes choisis.

En général, le temps de récupération est égal au temps de travail, c'est pourquoi vous devez avoir un chronomètre avec vous. Suivant la préparation que vous vous donnez, vous pouvez faire des temps de récupération plus courts, ce qui rendra le circuit training encore plus difficile et vous fera encore plus progresser. Cela dépendra du cycle de travail dans lequel vous vous trouvez.

Par exemple avant un défi sportif, n'hésitez pas à faire des temps de travail courts et des temps de récupération longs pour avoir le maximum de force pour le jour de votre défi.

Pour les débutants, réalisez 3 ou 4 séries, pour les confirmés entre 6 et 8 séries.

D'entraînement en entraînement, n'hésitez pas à faire un circuit sur des thèmes différents, cela sera encore plus ludique

ASOUPLISSEMENT ET ÉTIREMENTS

S'il y a bien une chose à laquelle j'ai toujours fait attention tout au long de ma carrière, c'est de bien faire mes assouplissements et mes étirements avant et après l'entraînement. C'est vrai que dans les sports de combat, la souplesse est une arme de plus face à ses adversaires. Dans mon cas, elle m'a souvent permis d'éviter de graves blessures.

Évidemment, le sommeil est la meilleure des préventions pour régénérer le corps, mais cela ne suffit pas à un certain niveau. Lorsqu'on travaille et s'entraîne beaucoup et qu'on traumatise nos muscles et nos tendons, il est très important de s'étirer et de faire beaucoup d'exercices d'assouplissement pour pouvoir récupérer de la meilleure des manières. La récupération est souvent sous-estimée dans la vie de tous les jours. Vous rentrez chez vous le soir, vous avez les jambes lourdes, vous avez mal au dos, mal aux pieds et bien rien de mieux que quelques minutes d'assouplissement et d'étirements. La routine à mettre en place le matin au réveil et le soir avant la douche pour vous détendre, c'est de vous relâcher et d'optimiser votre récupération avant le sommeil. Pas besoin d'être sportif de haut niveau pour appliquer cette règle, bien au contraire. Les assouplissements sont essentiels dans la vie de tous les jours également pour notre système nerveux. Le bien-

être physique et mental passe aussi par le relâchement musculaire. Plus nous sommes souples, plus nous sommes mobiles et plus notre corps est prêt, fort et adaptable à toutes circonstances. Moins vous en faites et plus votre corps se verrouille, se ferme et se bloque.
Si vous passez votre temps les épaules en avant et la tête basse, vous développerez des pathologies qui découlent de cette posture.
Si tous les jours vous mettez vos épaules en arrière et vous redressez votre tête, forcément votre corps sera plus équilibré.
Il est important de comprendre que notre état d'esprit joue aussi sur la forme de notre corps et que les techniques d'assouplissement et d'étirements, associées à la respiration et à la conscience de ce que nous sommes en train de faire, agissent totalement sur le résultat. C'est très important d'entretenir une souplesse générale de notre corps toute l'année et pas seulement dans la pratique sportive.
Si vous parvenez régulièrement à mettre en place ce travail, alors adieu les douleurs. Il faut comprendre également que ces exercices sont essentiels pour l'équilibre de notre corps en général.
Il est important de se dire que lorsqu'un exercice vous fait mal, il faut l'arrêter et passer à un autre. Car il est possible que vous ayez un blocage qui ne vous permet pas de le réaliser. Et évidemment, s'il y a un blocage quelque part et qu'il persiste, n'hésitez pas aller voir un médecin du sport pour vous préconiser des séances chez un kiné. N'essayez jamais de régler un problème tout seul si cela requiert le savoir-faire d'un professionnel.

Il faut toujours réaliser les mouvements avec souplesse et avec un juste dosage de force. Soyez tendre avec vos muscles et vos articulations.
Les assouplissements et les étirements sont des exercices assez mécaniques, mais qui doivent être faits dans les règles de l'art.

EXERCICES

1 2

Debout ou au sol, étirez souplement et en continu l'avant-bras et le poignet en ramenant dans le sens inverse votre main et vos doigts vers vous, le bras doit être tendu. Entre 20 et 30 secondes de chaque côté.

1

2

3 4

Debout ou au sol, étirez souplement et en continu l'avant-bras et votre poignet en ramenant votre main vers vous, bras tendu, les doigts vers le bas dans leur flexion naturelle. Entre 20 et 30 secondes de chaque côté.

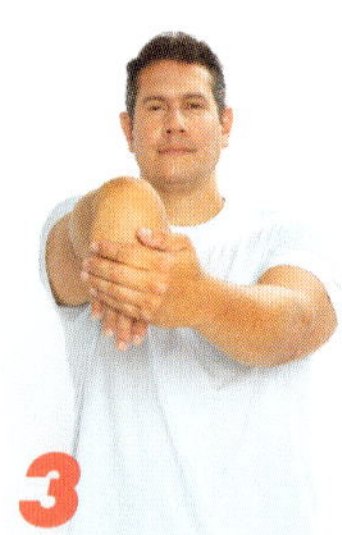

3

4

5

5

Debout ou assis, ramenez le bras tendu contre vous à l'aide de l'autre bras en position perpendiculaire, collez votre bras contre votre torse afin d'accentuer l'étirement souhaité. Attention, il est important que votre bras soit placé avant l'articulation du coude afin d'éviter toute mauvaise contrainte. Entre 20 et 30 secondes de chaque côté.

6

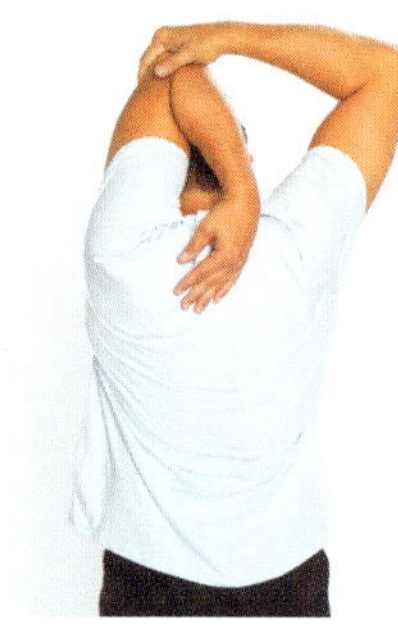

7

6 7 Attrapez votre coude bras plié à l'aide de votre main opposée et, progressivement et souplement, positionnez-le derrière la tête. Vous pouvez utiliser la tête pour accentuer l'étirement en la reculant un peu vers l'arrière. Entre 20 et 30 secondes de chaque côté.

8 9

Placez vos deux mains sur le haut de la tête, gardez le buste droit et tirez souplement sur la nuque, le poids naturel de vos bras suffit. Attention, si vous sentez que vous manquez de mobilité, ne tirez pas trop. Ça doit vous faire du bien et non l'inverse. Entre 10 et 20 secondes.

10

Placez votre main à l'opposé de votre tête pour assouplir votre cou. Ramenez la tête penchée vers le bas en souplesse. Entre 10 et 20 secondes de chaque côté.

11 12

En position du plongeur debout. Placez les mains l'une sur l'autre, bras tendus vers le ciel derrière la tête. Objectif : rentrer vos épaules et essayer de vous grandir le plus possible en étirant vos bras et votre dos progressivement. Pieds à plat ou sur la pointe des pieds. Entre 10 et 20 secondes.

13 14

Saisissez votre poignet, bras tendu et main à plat et grandissez-vous au maximum avec souplesse. Tirez sur votre bras avec la saisie en place et essayez d'imaginer poser votre main sur le plafond à plat. Relâchez toujours chaque mouvement avec souplesse. Entre 10 et 20 secondes.

15

15

En position de demi-flexion jambes bien écartées, écartez les bras dans l'alignement du corps à hauteur d'épaules. Poussez les paumes de main de chaque côté, ce qui va accentuer l'étirement. Entre 10 et 20 secondes.

16

17

16 17

Un de mes exercices préférés : une jambe en arrière en appui, légèrement fléchie. L'autre jambe en appui sur le talon, jambe tendue. Positionnez les deux pieds dans la même direction, ce détail est important. Tout en gardant le tronc bien droit, descendez en direction de la jambe tendue, les fesses en arrière. Si vous faites bien l'exercice, vous aurez très peu d'amplitude. Entre 20 et 30 secondes de chaque côté par séries de 4 ou 5.

18 19

Exactement de la même manière, descendez votre buste vers la jambe tendue. Cette fois-ci, le pied de la jambe d'appui semi-fléchie est ouvert à 90 degrés vers l'extérieur, vous aurez plus d'amplitude pour descendre. Entre 20 et 30 secondes de chaque côté par séries de 4 ou 5.

18

19

20

Debout, jambes écartées, glissez votre main le long de la jambe jusqu'au genou, puis recommencez de l'autre côté. Entre 10 et 20 mouvements.

20

21 22

Debout, attrapez votre pied derrière votre fessier avec une ou deux mains. Étirement très important des quadriceps, grand muscle avant des cuisses. Ce qui permet aussi de soulager le tendon rotulien et le psoas, l'un des muscles fléchisseurs de la hanche. Pour rester en équilibre, le secret est de bien contracter les abdominaux. Il faut gainer. Le genou doit être collé à l'autre jambe. Vous devez attraper le haut du pied et les orteils et non la cheville. Entre 30 et 45 secondes de chaque côté par séries de 5 à 8.

21

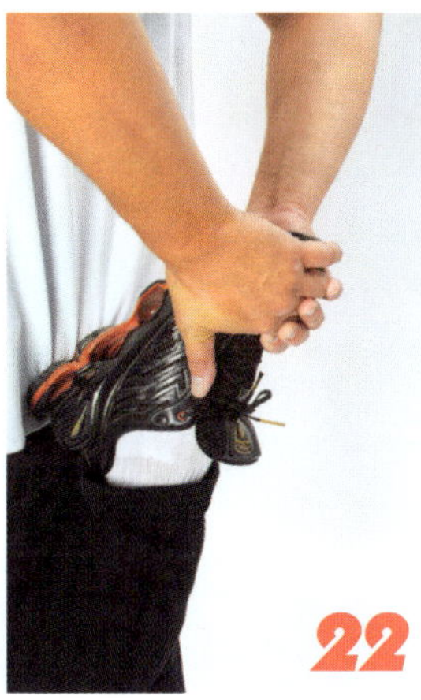

22

23

Debout, attrapez votre pied derrière votre fessier avec une main. Puis basculez en avant le haut de votre corps et posez la main libre devant le pied d'appui au sol, bien à plat. Levez le genou le plus haut vers le ciel pour étirer le quadriceps au maximum, avec l'autre main derrière le fessier. Bon, normalement ma jambe

23

d'appui devrait être un peu plus tendue et ma main un peu plus près du pied. Entre 10 et 20 secondes de chaque côté par séries de 4 ou 5.

24 25

En position fente avant au sol. Avancez bien le pied avant à plat pour favoriser l'écart et l'étirement des adducteurs avec souplesse. Le pied arrière est en position de travail, c'est-à-dire en appui sur les orteils. Avancez le bassin vers l'avant jusqu'à ce que votre genou cache vos orteils. Restez le buste droit. Entre 30 et 40 secondes par séries de 4 ou 5.

24

25

26

Départ dans la position précédente, tendez la jambe avant et prenez appui sur votre talon, puis penchez votre buste en direction de votre pied, en ramenant les orteils vers vous. Puis avec votre main du même côté que votre jambe, venez étirer le haut du pied et vos orteils en penchant la tête vers le bas. Main opposée sur la cuisse et non sur l'articulation du genou. Inspirez et soufflez en descendant, puis restez dans la position maximale. Entre 30 et 40 secondes de chaque côté par séries de 4 ou 5.

26

27 28

En position de fente avant, saisissez avec une ou deux mains votre pied arrière, talon collé au fessier, tout en restant le buste bien droit, en appui sur le genou au sol et le pied avant à plat. Sur ce genre de travail, n'hésitez pas à mettre un bon tapis de sol pour protéger les articulations du genou. Entre 10 et 20 secondes de chaque côté par séries de 4 ou 5.

27

28

29 30

Au sol en position genou plié, asseyez-vous sur votre talon avec une jambe tendue de côté à 90 degrés, le pied à plat. Puis allongez-vous sur la jambe pliée en vous écrasant et en écartant les bras au sol. Relâchez bien le dos, les fessiers et les épaules. Entre 30 et 45 secondes de travail de chaque côté par séries de 3 à 5.

29

30

31

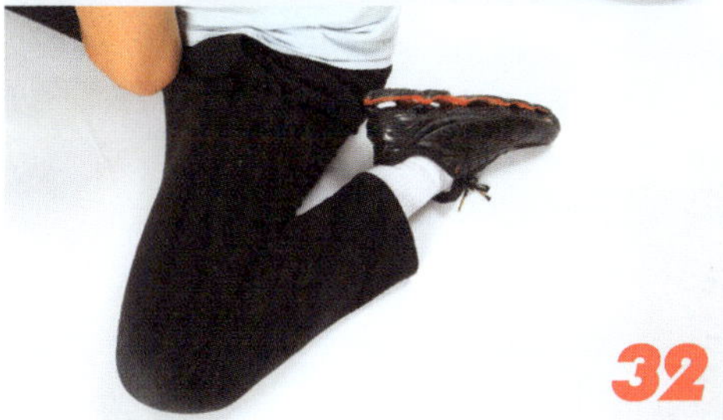

32

31 32

Position « Sauteur de haies ». Une jambe tendue et une jambe pliée. Les fesses au sol. Prenez avec la main du même côté votre haut du pied avec les orteils pour les ramener vers vous, la main opposée en appui sur votre cuisse. Essayez de rentrer la tête au plus près du genou. La respiration vous aide à descendre sans à-coups. Entre 20 et 30 secondes de chaque côté par séries de 4 ou 5.

33

34

33 34

Les deux jambes pliées, les fesses au sol et le buste droit, collez vos deux coudes contre votre tibia, vos avant-bras collés au sol. Relâchez bien le bas du dos et maintenez la position entre 30 et 45 secondes par séries de 4 ou 5.

35

Dans la position précédente, faites une rotation et placez vos deux coudes de l'autre côté de votre genou. Votre objectif est de bien garder les épaules et le buste face au sol, tout en relâchant avec souplesse et contrôle votre bas du dos. Entre 30 et 45 secondes de chaque côté par séries de 4 ou 5.

35

36 37

Relâchez la position précédente en basculant sur l'arrière, vos mains posées au sol bras tendus. De 30 et 45 secondes par côté par séries de 4 ou 5.

36

37

38

38

Puis position sur les coudes. Entre 30 et 45 secondes par côté par séries de 4 ou 5.

39

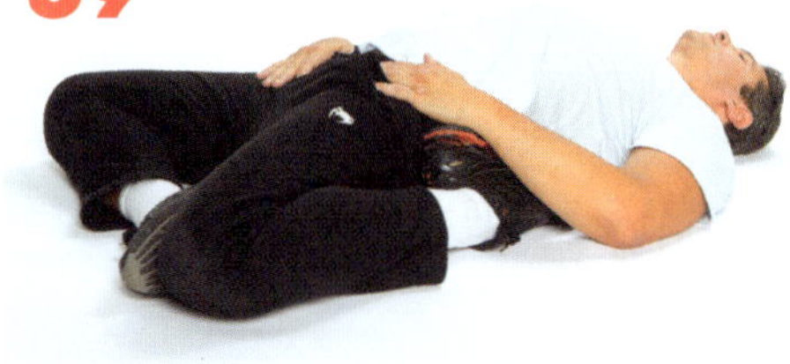

40

39 40

Enfin, si vous êtes souple, allongez-vous sur le dos, toujours avec les deux jambes pliées. Entre 10 et 20 secondes par côté par séries de 4 ou 5.

41

Assis, une jambe tendue, une jambe par-dessus pliée, avec le genou ouvert si possible collés au sol. En appui arrière sur les mains bras tendus. Entre 30 et 45 secondes par côté et par séries de 4 ou 5.

41

42

42

Pliez la jambe tendue en gardant la même position. Cela accentue l'étirement. Gardez le genou ouvert. De 30 et 45 secondes par côté et par séries de 4 ou 5.

43 **44**

Basculez en arrière et placez une main entre les jambes et une main à l'extérieur. Croisez les doigts pour fixer les genoux et tirez vers vous. Entre 20 et 30 secondes par côté et par séries de 4 ou 5.

43

44

45

Cette technique est réservée aux confirmés. Basculez complètement sur le dos, tout en gardant la jambe pliée et utilisez le poids de la jambe tendue pour accentuer l'étirement de la jambe pliée. Positionnez votre tête sur le côté. Faites bien attention à votre nuque. Si vous rencontrez un problème, revenez tout simplement vers l'avant. Entre 10 et 20 secondes par séries de 4 ou 5.

45

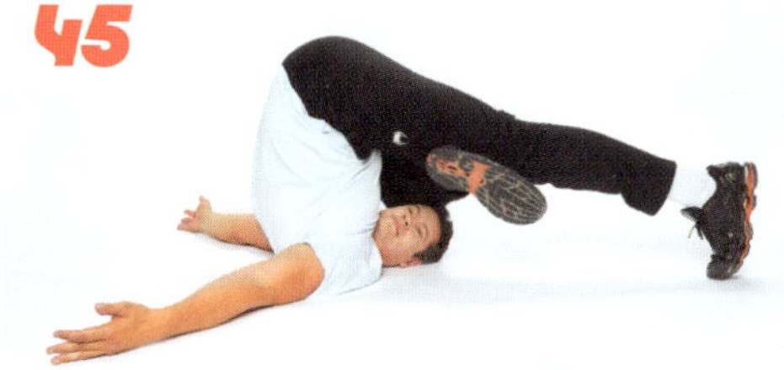

46

46

Allongé sur le côté avec une main derrière la tête. Une jambe au sol et une jambe par-dessus, pliée. Le pied est posé à plat au-dessus du genou. Ouvrez le genou plié vers l'arrière avec l'autre main, le bras tendu. Entre 30 et 45 secondes par côté et par séries de 4 ou 5.

47

47

Dans la même position, redressez-vous assis, posez la main au sol, bras tendu. Et le coude de l'autre bras maintient l'ouverture du travail du genou. Relâchez bien le ventre et le bas du dos. Entre 20 et 30 secondes par côté et par séries de 4 ou 5.

48

48

Dans la même position, pliez juste la jambe tendue au plus près du fessier et redressez votre buste au maximum. Entre 30 et 45 secondes par côté et par séries de 4 ou 5.

49

50

49 **50**

Position « Anaconda ». Avec le bras opposé, entourez votre genou, et avec l'autre bras, étranglez le genou avec une main devant le genou et une main sur le biceps. Oui, je sais, ça ressemble beaucoup à une technique de jujitsu. Essayez de garder le buste droit. Cette prise et cette position permettent un relâcher optimal du fessier et du dos. Entre 20 et 30 secondes par côté et par séries de 4 ou 5.

51

En position allongée, saisissez simplement et avec souplesse votre genou avec vos deux mains, amenez-le le plus haut vers la tête. Attention, la jambe doit bien rester en contact avec le sol. Entre 30 et 45 secondes par côté et par séries de 4 ou 5.

51

52

Même position allongée, mettez le genou le plus haut possible mais de côté. Ouvrez la hanche et étirez l'adducteur. Entre 30 et 45 secondes par côté et par séries de 4 ou 5.

52

53

54

53 54

En position allongée, placez le pied par-dessus la jambe opposée au-dessus du genou. Et avec la main opposée, amenez le genou vers le sol progressivement. Entre 10 et 30 secondes par côté et par séries de 4 ou 5.

55

56

55 56

Avec douceur et souplesse, tournez votre buste face au sol et pliez la jambe tendue. Entre 10 et 20 secondes par côté et par séries de 4 ou 5.

57

Pliez votre genou devant vous et tendez l'autre jambe dans l'alignement, avec la pointe de pied allongée. Mains au sol, bras tendus de face qui retient le tronc. Entre 30 et 45 secondes par côté et par séries de 4 ou 5.

57

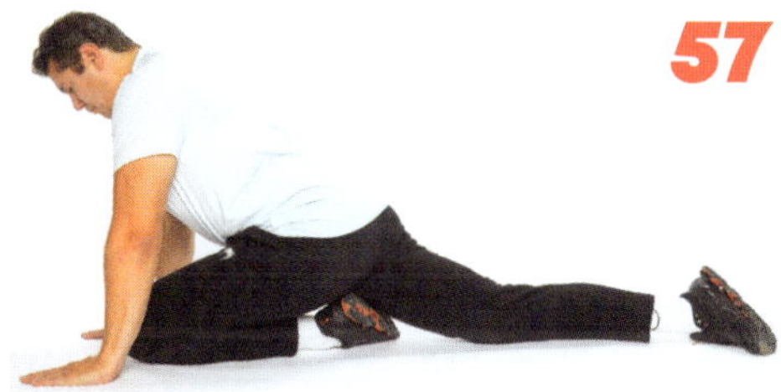

58

Dans la même position, allongez-vous sur le genou plié, avec les bras devant et la tête rentrée. Entre 20 et 30 secondes par côté et par séries de 4 ou 5.

58

59

Redressez-vous un peu en basculant le bassin sur le côté, en appui avec les mains, bras tendus à l'intérieur. Entre 30 et 45 secondes par côté et par séries de 4 ou 5.

59

60

61

60 61

Faites une grande fente avant, glissez votre bras par dessous la jambe et posez la main à côté du pied. Prenez appui sur votre coude. Basculez votre bassin en avant. Entre 20 et 30 secondes par côté et par séries de 4 ou 5.

62

62

Allongé sur le dos, appuyez sur votre pied à plat, jambe pliée pour lever le bassin vers le ciel, jambe tendue. Gardez les bras allongés au sol pour maintenir la position en équilibre. Entre 10 et 20 secondes par côté et par séries de 4 ou 5.

63 64

En position faciale, les deux genoux ouverts, jambes en équerre, pieds ouverts en appui sur les coudes. Maintenez la position entre 30 et 45 secondes. Puis allongez-vous le buste face au sol. Entre 20 et 30 secondes, le tout par séries de 4 ou 5.

63

64

65

En position grand écart facial. Tenez-vous le buste bien droit avec les pieds ouverts et le bassin en avant. Très important : ouvrez les jambes étape par étape en souplesse. Entre 30 et 45 secondes par séries de 4 ou 5.

65

66

66
Dans la même position, posez les coudes en avant, collés contre vos adducteurs. Gardez bien les pieds ouverts vers l'arrière pendant tout le travail. Entre 30 et 45 secondes par séries de 4 ou 5.

67

67
Faites pivoter votre torse en direction de votre jambe et attrapez votre pied en descendant la tête vers le genou. En restant les deux jambes ouvertes. Entre 30 et 45 secondes par par côté et séries de 4 ou 5.

68

68
Faites le même exercice en pliant les deux jambes au plus près de vous. Entre 30 et 45 secondes par côté et par séries de 4 ou 5.

69

69
Dans la même position, posez les coudes en avant, collés contre votre tibia. Gardez bien le pied ouvert vers l'arrière pendant tout le travail. Entre 30 et 45 secondes par côté et par séries de 4 ou 5.

70

70
Même position des jambes. Faites tout simplement pivoter vos deux bras et votre buste derrière, le genou plié et collé, vos deux coudes au sol devant le genou. Entre 30 et 45 secondes par séries de 4 ou 5.

71

72

71 72

Attrapez vos deux genoux contre vous. Soit en position statique, soit en roulant doucement d'avant en arrière. 30 secondes ou 10 mouvements de 4 séries.

73

73

En position assise, jambes tendues de face, prenez votre genou plié en essayant de garder le dos droit, et ramenez les orteils de la jambe tendue vers vous. Entre 30 et 45 secondes par côté par séries de 4 ou 5.

74

74

Même position. Saisissez avec une main votre pied en rentrant la tête vers les genoux. Entre 30 et 45 secondes par côté par séries de 4 ou 5.

75

75

En position assise, jambes serrées, maintenez votre dos bien droit en ramenant vos orteils vers vous. Entre 20 et 30 secondes par séries de 4 ou 5.

76

76

Dans la même position, saisissez vos deux pieds en rentrant bien la tête en avant. Entre 10 et 20 secondes par séries de 4 ou 5.

77

77

En position jambes fléchies, genoux ouverts, les fessiers au niveau des genoux. Prenez appui à l'intérieur des genoux avec les avants-bras pour gagner en ouverture du bassin. Entre 10 et 20 secondes par séries de 4 ou 5.

78

78

Dans la même position, posez les mains à côté des pieds et poussez avec les coudes pour ouvrir le bassin. Entre 10 et 20 secondes par séries de 4 ou 5.

79

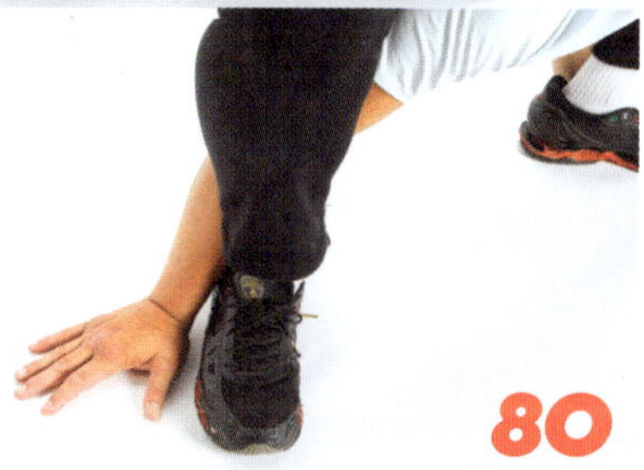

80

79 80

Cette fois-ci, rentrez les mains entre les jambes et positionnez les appuis des mains à côté des pieds à l'extérieur. Entre 10 et 20 secondes par séries de 4 ou 5.

81

81

En position à genoux joints, allongez-vous sur vos genoux et les bras tendus vers l'avant. Entre 20 et 45 secondes par séries de 4 ou 5.

82

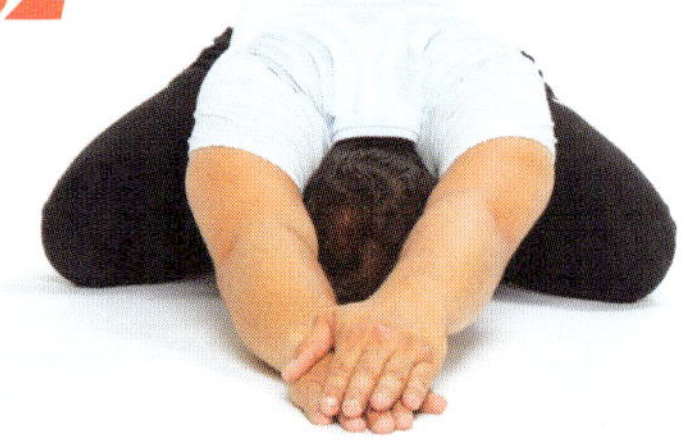

82

Dans la même position, ouvrez les genoux et allongez-vous de la même manière vers l'avant. Entre 20 et 45 secondes par séries de 4 ou 5.

83

83

Dans la même position, croisez les bras perpendiculairement pour utiliser votre poids de corps pour l'étirement. Entre 20 et 45 secondes par côté et par séries de 4 ou 5.

84

Asseyez-vous sur vos talons, genoux ouverts. Le buste bien droit et écartez les bras au maximum avec les paumes de main vers l'extérieur dans l'alignement des épaules. Entre 15 et 20 secondes par séries de 4 ou 5.

84

85

Dans la même position, tendez les deux bras derrière la tête le plus haut possible, les mains l'une sur l'autre. Entre 15 et 20 secondes par séries de 4 ou 5.

85

86

86

Maintenez la position jambes et bras tendus en direction du ciel pendant 10 secondes, puis relâchez 10 secondes, recommencez 8 fois.

87

87

Maintenez exactement de la même manière, jambes ouvertes, écart facial, les mains et bras tendus vers le haut pendant 10 secondes puis relâchez 10 secondes, recommencez 8 fois.

88 **89**

En position sur le dos, genoux ouverts. Attrapez vos pieds avec les mains puis tirez au plus près de votre bassin vers vous et maintenez 10 secondes la position, puis relâchez 10 secondes, recommencez 8 fois.

88

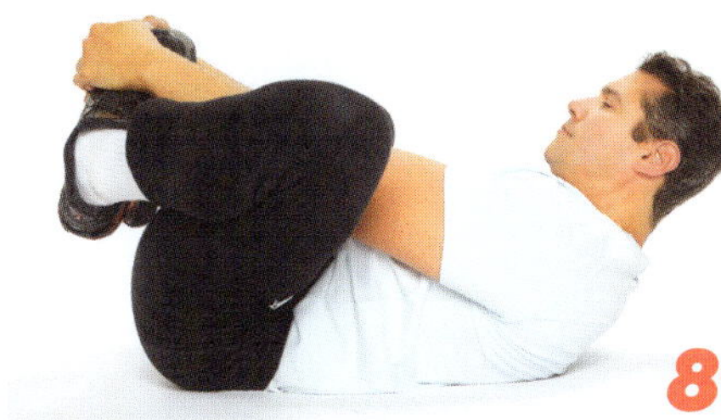

89

90

90

Allongé sur le ventre, attrapez un pied pendant 10 secondes, puis relâchez 10 secondes par côté, recommencez 8 fois.

91

91

Même travail avec les deux jambes. Attrapez bien le haut de vos pieds avec les orteils pendant 10 secondes puis relâchez 10 secondes, recommencez 8 fois.

92

92

Allongé sur le ventre, collez votre genou au plus près de votre épaule, pendant que l'autre jambe reste tendue. Maintenez la position 30 secondes de chaque côté, recommencez 8 fois.

93 94

Dans la même position de départ, pliez la jambe tendue contre le fessier, puis attrapez avec une ou deux mains le haut de votre pied. L'autre jambe reste pliée bien haut. Maintenez la position entre 20 et 30 secondes de chaque côté, puis recommencez 8 fois. Cet exercice est très efficace pour soulager le mal de dos.

93

94

95

Debout, relâchez le haut de votre corps vers le sol, jambes tendues, pieds joints et venez saisir vos orteils en rentrant bien la tête vers les genoux.
Maintenez la position 10 secondes.
Relâchez 10 secondes, recommencez 8 fois.

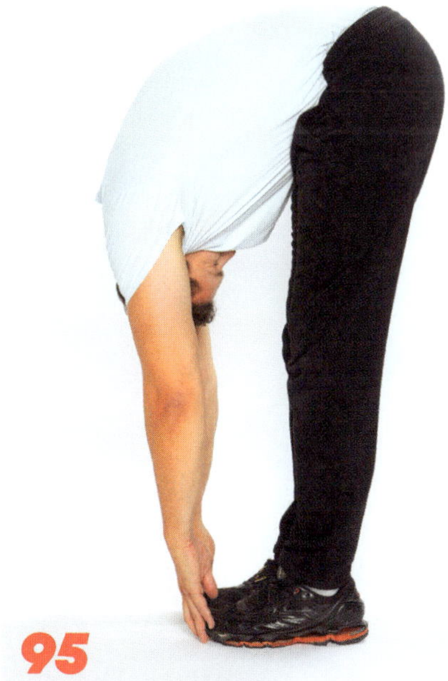

95

96 97

En position « prisonnier », vous êtes en demi-squat, basculez le haut du corps vers l'avant, avec les mains derrière la tête, les coudes bien ouverts, et gardez le buste bien droit. 8 fois 10 secondes de travail et 10 secondes de récupération.

96

97

98

Assis sur les fesses, les genoux pliés, les pieds tirés vers vous. Gardez le buste bien droit. Entre 20 et 45 secondes par séries de 4 ou 5.

98

MOBILITÉ ET PRÉVENTION DU MAL DE DOS

Quand on est athlète ou ancien sportif, on a tendance à reprendre parfois les entraînements un peu trop fort et sans s'en rendre compte, à griller quelques étapes importantes. Parce qu'on est jeune ou parce qu'on pense que notre corps en est toujours capable ou par flemmardise…

Cela m'est déjà arrivé, mais forcément au bout d'un moment si on ne fait pas suffisamment d'assouplissements et d'étirements dans la reprise, eh bien le corps se bloque sur un mouvement, sur un geste de la vie de tous les jours. Voilà pourquoi je vous conseille vivement malgré votre mal de dos, sauf prescription contraire de votre médecin du sport, de faire ces petits exercices de mobilité tranquillement et vous verrez que cela va vraiment vous débloquer. L'inactivité est très mauvaise, il faut toujours faire un peu sans jamais forcer sur la douleur, mais plutôt la contourner comme dans les arts martiaux on peut contourner la difficulté pour reprendre le dessus.
Et c'est là que la mobilité vient nous sauver. Parce que clairement moi ça m'a sauvé.

Il est préférable de débuter sa séance par des exercices de mobilité, ce qui permet un échauffement en douceur quand on ne se sent pas bien réveillé ou un peu verrouillé au niveau articulaire et musculaire. Si l'on sent par exemple qu'on est un peu bloqué du dos ou du bas du dos, quelques exercices vous permettront de bien démarrer votre séance pour éviter de travailler avec une douleur ou des raideurs.
Mon conseil : 2 ou 3 fois par semaine entre 5 et 10 minutes.

EXERCICES SANS MATÉRIEL

1 2

Assis au sol sur les fesses, jambes fléchies et jointes, appui sur les mains dans le dos, bras tendus. Effectuez des rotations des deux jambes jointes, du bassin et des hanches de droite à gauche en essayant que le genou soit bien au sol. Pensez à bien relâcher le ventre et le bas du dos pendant l'exercice. Entre 10 et 20 répétitions par séries de 2 ou 3.

1

2

3

4

5

3 4 5

Même exercice mais cette fois, allongé sur le dos, épaules bien plaquées. Rotation des hanches et des jambes de chaque côté. Objectif : relâcher le dos au maximum afin que les jambes soient collées au sol. Entre 10 et 20 répétitions par séries de 2 ou 3.

6

8

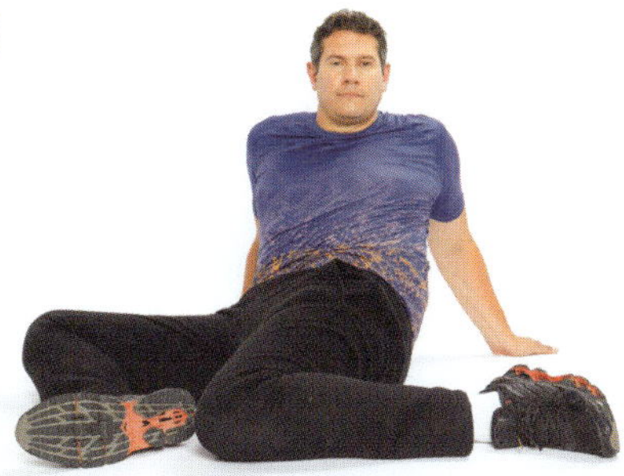

7

6 7 8

Assis au sol, en appui arrière sur les mains avec les bras tendus. Positionnez-vous jambes fléchies mais écartées. Un écart suffisant pour que pendant la rotation des deux jambes fléchies en même temps, elles ne se touchent jamais. Et ce, de face, de manière que les deux genoux soient bien en contact avec le sol. Toujours travailler les mouvements en souplesse et avec contrôle. Un de mes mouvements de mobilité préféré qui permet de bien relâcher les raideurs au niveau du dos et crée une belle mobilité des hanches.

9 10

En position quadrupédique, cambrez le dos au maximum avec souplesse en inspirant puis en expirant. Faites le dos rond comme un chat le plus possible. Entre 10 et 20 répétitions par séries de 2 ou 3.

9

10

11 12

En position quadrupédique en appui sur un bras, puis avec le second, enroulez votre corps vers l'intérieur puis vers l'extérieur bras tendu, en ouvrant la main vers le ciel, le bras tendu dans l'axe du corps et l'autre bras. Répétez les deux gestes une fois à droite, une fois à gauche. Entre 5 et 10 répétitions par séries de 2 ou 3.

11

12

13

14

15

13 14 15

La technique du scorpion. Celle que j'aime le moins est pourtant très efficace. Elle va étirer en même temps le psoas, favoriser l'extension des hanches et déverrouiller les lombaires. Allongé sur le ventre, votre objectif va être de poser votre pied le plus loin et haut possible en direction de votre épaule opposée, à l'inverse de votre corps, tout en restant allongé sur le torse et les épaules. Tout en souplesse et en contrôlant la respiration.

EXERCICES AVEC MATÉRIEL

1

2

3

4

1 2 3 4

Debout, jambes écartées à la largeur des épaules, tenez les extrémités d'un bâton (ou le manche d'un balai, toujours pratique). Faites-le passer devant et derrière avec souplesse pour échauffer les articulations de vos épaules. Si jamais votre bâton est trop petit, exécutez le geste sans bâton ou avec une corde ou un élastique. Entre 10 et 20 répétitions par séries de 2 ou 3.

5 6 7

Debout, faites passer le bâton cette fois en rotation, une épaule après l'autre, en inversant le mouvement dans le dos vers l'avant. Entre 10 et 20 répétitions par séries de 2 ou 3.

5

6

7

8

9

10

8 9 10

Le bâton posé sur les épaules. Faites une rotation du buste à 90 degrés en souplesse, en faisant des allers-retours de chaque côté sans déplacer vos appuis au sol. Entre 10 et 20 répétitions par séries de 2 ou 3.

11 12

Le bâton positionné dans votre dos avec les bras par-dessus. Vous pouvez le placer à différentes hauteurs suivant votre souplesse ou votre blocage. Jambes écartées, penchez-vous en avant, en gardant le dos bien droit. Pensez à bien associer votre respiration à votre geste. Entre 10 et 20 répétitions par séries de 2 ou 3.

11

12

13

14

13 14

Dans la même position, faites une rotation à 90 degrés de chaque côté, tout en gardant le bâton dans votre dos. Entre 10 et 20 répétitions par séries de 2 ou 3.

15 16

Debout, bras tendus vers le ciel et bâton en bout de mains, jambes écartées. Effectuez un demi-squat tout en gardant les bras tendus vers le ciel. Vous pouvez progressivement fléchir davantage quand vous vous sentez prêt. Entre 10 et 20 répétitions par séries de 2 ou 3.

15

16

VOTRE DÉFI POUR GAGNER UNE MÉDAILLE OLYMPIQUE POUR PARIS 2024

Très simple : pour remporter votre médaille olympique, vous devrez, d'ici le 26 juillet 2024, jour de la cérémonie d'ouverture des jeux Olympiques de Paris 2024, réaliser un minimum d'entraînements de 30 minutes par jour :

- Pour vous retrouver en finale (54 séances)
- Pour avoir votre médaille de bronze (81 séances)
- Pour avoir votre médaille d'argent (108 séances)
- Pour être champion olympique (135 séances, soit 4 050 h)

Voilà, vous savez ce qu'il vous reste à faire. Je compte sur vous pour organiser votre calendrier semaine par semaine et réaliser de deux à cinq séances par semaine, de 30 minutes par jour, pour être en bonne santé et prêt pour les jeux Olympiques de Paris 2024.

EN GUISE DE CONCLUSION

La définition d'un bon éducateur sportif, coach, entraîneur est de veiller sur l'intégrité physique et morale de ses élèves ou de ses athlètes. J'ai toujours eu à cœur de prendre soin de mes élèves, de mes athlètes, de mes amis, de mes clients. De prendre soin d'eux au mieux avec tout mon savoir-faire, mon expérience, ma pédagogie en essayant d'anticiper les erreurs possibles afin d'éviter toute blessure, car certaines blessures peuvent être irréversibles.
Il est très important d'évoluer avec un professionnel diplômé d'État. L'activité physique et sportive comporte des règles qu'il faut respecter tout comme vous devez respecter votre corps et votre santé. Ne mettez jamais votre santé dans les mains d'une personne inexpérimentée et non diplômée. N'hésitez pas à changer si vous ne vous sentez pas bien encadré.

C'est pourquoi je vous conseillerai toujours de reprendre doucement mais sûrement la pratique sportive. Il vaut mieux perdre un peu plus de temps au début pour bien faire les choses que de reprendre trop vite et de se blesser. Je vous recommande fortement de faire auparavant un bilan médical, une petite prise de sang afin d'avoir les informations nécessaires afin de vous rassurer dans un premier temps et de vous lancer tranquillement. Je suis sûr que ce livre vous aidera au quotidien et vous permettra de prendre conscience de votre potentiel. Je sais que vous allez réussir. N'hésitez pas à motiver votre entourage, vos collègues, vos patrons, vos amis, organisez-vous avec tous les moyens qui vous entourent et vous réussirez à créer plein de choses positives autour de vous.

Faites-moi confiance, le sport est essentiel à votre bien-être mental et physique. 30 minutes de sport par jour vont vous changer la vie. C'est le début d'une belle aventure.

Je vous donne rendez-vous en juillet pour soutenir toutes les équipes de France olympiques puis paralympiques afin d'encourager et de donner la force à nos champions qui fièrement vont représenter les couleurs de la France d'une manière chevaleresque et héroïque.

REMERCIEMENTS